U0871337

·插图版·

好妈妈不娇不惯
养育女孩100个细节

晓 丹◎著

中国妇女出版社

图书在版编目（CIP）数据

好妈妈不娇不惯养育女孩100个细节：插图版/晓丹著. -- 北京：中国妇女出版社，2020.1
ISBN 978-7-5127-1791-6

Ⅰ.①好… Ⅱ.①晓… Ⅲ.①女性—家庭教育 Ⅳ.①G78

中国版本图书馆CIP数据核字(2019)第226986号

好妈妈不娇不惯养育女孩100个细节（插图版）

作　　者：晓　丹　著
责任编辑：陈　元
封面设计：尚世视觉
责任印制：王卫东
出版发行：中国妇女出版社
地　　址：北京市东城区史家胡同甲24号　邮政编码：100010
电　　话：(010) 65133160（发行部）　65133161（邮购）
网　　址：www.womenbooks.cn
法律顾问：北京市道可特律师事务所
经　　销：各地新华书店
印　　刷：唐山楠萍印务有限公司
开　　本：145×210　1/32
印　　张：8.5
字　　数：198千字
版　　次：2020年1月第1版
印　　次：2020年1月第1次
书　　号：ISBN 978-7-5127-1791-6
定　　价：35.00元

版权所有·侵权必究（如有印装错误，请与发行部联系）

没有教不好的女孩，只有不会教的妈妈

在这个世界上，有一种最光荣、最神圣、任何人都无法替代的身份——妈妈。对于每一个妈妈而言，又有一份最艰巨、最伟大、不可推卸的责任——当个好妈妈，给孩子一个好未来！

妈妈能够影响孩子的人生轨迹。

对于女孩来说，更是如此。妈妈的形象、习惯、品德、性格、气质、思想等都对女儿产生着深刻的影响。因此，妈妈应懂得教育的艺术，掌握教育的方法，以便将女儿培养成一个优秀的人。

没有谁天生就会做妈妈，要想成为一个好妈妈，需要一套行之有效的、完善的家教方法。那么，怎样才能培养出优秀的女孩呢？

针对女孩教育，本书为妈妈提供培养优秀女孩的四个方法。

方法一：充分了解女孩，做女儿最贴心的朋友

了解女孩，是一种重要的教育责任，也是一种必须坚持的科学严谨的教育态度。教育女孩的前提是要了解女孩。妈妈在日常生活中要细心观察女孩的各种行为，认真体会她的各种心理，只有这样，才能与女孩更好地沟通，从而更好地教育女孩。

方法二：女孩要“富”养，给她更多的爱与关注

古人说过：“从来富贵多淑女，自古纨绔少伟男。”一个女孩的成长是要细心呵护的，需要家长拥有极大的耐心与爱心。妈妈应该富养女孩，让她过上快乐幸福的生活。

富养女孩，就是在物质方面让女孩觉得富足，当女孩长大了

她才不会贪小便宜；富养女孩，也要在精神世界丰富女孩的思想，这样女孩才能见多识广、独立自主；富养女孩，还要开阔女孩的眼界，让女孩一生都自尊自爱……这些才是富养女孩的基本含义。

方法三：把握女孩成长的关键时期，挖掘女孩的潜力

每个女孩都具备成才的潜力和独特的优势，女孩能否成功，关键就在于她的潜力和优势能否被挖掘和发挥出来。我们培养女孩的目的很大程度上就在于此。

一般来说，女孩的一生可以划分为几个关键阶段：

5 岁前，是发展女孩语言能力的最佳时期；

8 岁左右，是培养女孩记忆力的黄金时期；

10 ~ 12 岁，是开发女孩艺术天赋的关键时期；

13 ~ 16岁，是培养女孩独立性的最佳时期；

……

妈妈应该抓住这些关键阶段，根据女孩在不同时期的不同特点，有针对性地让女孩的潜力和优势得到充分的发挥。

方法四：遵循女孩的性别特征，让女孩拥有良好的美态

女孩的美态包括温柔的性格、缜密的心思、得体的穿着打扮、优雅的言行举止等。妈妈教育女儿的关键之一，就在于让女孩拥有良好的美态。

聪明的妈妈在培育女儿时，会依据女孩特有的优势和个性，对女孩进行正确的引导和教育，这样的教育就是所谓的“性别教育”。它符合女孩的身心发展规律，不仅更容易被女孩接受，也能起到事半功倍的教育效果。

培养女孩是一份很复杂、很艰巨的工作，所以妈妈更要具备智慧。妈妈只有用对了教育方法，才能使女孩在成长中遇到的很多问题迎刃而解，也会使教育女孩的工作变得简单。

目 录

第三章　从来富贵多淑女，女孩一定要“富”着养

第四章　好关系胜过好教育，与女孩沟通很重要

第五章　好相貌不如好气质，打造女孩的优雅气质

第六章　拥有7种良好习惯，女孩将受益终身

第七章　注重品德和修养，培养心灵美的女孩

第八章　高情商，让女孩拥有健康的心理

第十一章　锻造女孩的能力，让女孩出类拔萃

第十二章　提升学习力，让女孩成为学习高手

第十三章 社交能力在一定程度上影响着女孩的人生

第十四章 科学进行性教育，让成长不再迷茫

第十五章 跳出“流行”的旋涡，让女孩身心健康地成长

第十六章 家有女孩初长成，引导女孩平稳度过青春期

第一章

走进孩子的世界，听懂女孩的心灵密码

1. 蜜糖、香料和芭比娃娃——这就是女孩

在西方古老的童谣中有这样一句名言："男孩是由剪刀、蜗牛和小狗的尾巴做成的，而女孩是由糖、香料以及一切美好的东西做成的。"确实如此，即使在很小的时候，男孩和女孩就会表现出截然不同的爱好和气质。

小男孩喜欢的玩具是小汽车、冲锋枪、变形金刚，而小女孩喜欢的玩具是芭比娃娃、毛毛熊；

小男孩往往喜欢爬上爬下，一刻不肯停歇，而小女孩往往喜欢安安静静地听妈妈讲故事；

小男孩崇拜的英雄是奥特曼，而小女孩更希望自己能够化身成为美少女或白雪公主；

……

在很小的时候，女孩往往会表现出非常出色的天赋，妈妈要抓住机会发展女孩的天赋和优势。

方法一：善待女孩的天赋

一个妈妈曾经这样谈到自己的育女经验：

女儿在5岁时，表现出了非常出色的语言天赋。那些天，她把中央电视台的主持人金龟子姐姐当成了模仿对象，不断地模仿她主持节目。虽然女儿的模仿还很幼稚，但是我和丈夫并没有打击她的积极性，并让她模仿记者来采访我们俩。现在女儿的语言能力更加突出了，前两天还在学校的辩论会上得了奖。

女孩在很小的时候就会表现出自己的天赋，但是有些妈妈不恰当地对待女孩的天赋，例如，当女孩唱歌有些跑调时，妈妈马上站

出来纠正；当女孩拿着刚画好的画给妈妈看时，妈妈却说：“这是什么啊？我真看不懂！”这样做非常打击女孩的积极性，很可能使她的天赋消失在萌芽之中。

方法二：让女孩多和爸爸接触

无论是在教育方法还是在教育内容上，父亲都有别于母亲。父亲和女孩做游戏时，大多喜欢那些运动性、智能性较强的游戏，并以其男性固有的个性特征（如果断、坚毅、独立性等）鼓励女孩尝试新游戏，进行新探索。这对增强女孩的体质以及培养女孩的性格和思维都有很大的帮助。此外，相关研究显示，父亲对女孩数理逻辑的发展往往有着非常大的影响，所以，女孩应该多和爸爸接触。

2. 从天真到成熟——女孩成长的三个关键期

女孩在成长的过程中，会经历几个独特的生理和心理发展阶段。这些年龄阶段的不同生理、心理特征，构成了女孩的身心发展规律。我们在教育女孩的时候，要根据她在不同年龄阶段的不同心理状况，选择不同的教育方式和教育内容。

根据不同的生理和心理特征，女孩在16 岁之前大致可以分为三个成长阶段。妈妈只要在每个阶段找对了教育重点，便会取得事半功倍的效果。

0 ~ 7 岁：塑造女孩一生的关键时期

生理学家研究发现，这一阶段是女孩身体发育的关键时期，也是女孩的心理奠定期、精神奠定期以及人格形成期。在这一阶段，女孩将学会走路、说话、独立思考，并且为以后的发展奠定身体、社会和情感上的基础。所以，0～7岁是塑造女孩一生的关键时期。

对于妈妈来说，培育0～7岁的女孩应该把以下几个方面作为发展重点：

1. 均衡营养，让女孩的身体和大脑得到最大限度的发展

0～7岁，不仅是女孩长身体的重要阶段，也是女孩大脑发育的黄金时期。妈妈一定要注重女孩的饮食结构，让女孩的身体和大脑得到最大限度的发展。

2. 开发女孩的智力

0～7岁是女孩智力发展的关键时期，这段时间的启蒙教育直接影响着女孩一生的智力发展水平。现在很多妈妈都认识到了启蒙教育的重要性，但是在具体的方法上却存在很大的误区。有些妈妈认为，女儿能够进行复杂的数学运算、能够背诵数十首甚至上百首儿歌，这就是启蒙教育的最大收获。这种想法是错误的。因为"填鸭式"地向女孩灌输知识，女孩不仅无法充分地理解、消化这些知识，时间长了还可能会产生厌学情绪。所以在这一阶段，妈妈可以从女孩的兴趣和爱好出发，向她传授一些简单的知识（如简单的阅读、认字等）和生活常识，但是不要逼女孩学习。

3. 培养女孩对性别的认识

很多妈妈忽视了这一点，认为随着女孩慢慢长大，自然会对性别有一个清楚的认识。生理学家研究发现，在3 岁前，女孩对性别的认识是模糊的；到了3 岁之后，女孩开始有了性别意识，并且能够通过服饰、造型等找出与自己同性别的人。这时候妈妈要主动地教女孩去识别性别，以培养女孩的性别意识。

4. 培养女孩良好的生活习惯

在0～7岁，女孩正处在模仿他人的阶段，她们常常把父母当成

模仿的对象。所以在这一阶段，父母要特别注意培养女儿良好的生活习惯，并且要以身作则，为女儿树立一个良好的榜样。

8～12岁：培养女孩学习能力的最佳时期

一般来说，女孩到了七八岁，她的世界会变得开阔很多，她不再总是缠着父母陪她玩儿，而是有了自己感兴趣的事情，还会沉浸在与朋友交往的乐趣中。更重要的是，她们在这一阶段出现了记忆的黄金期（她们已经能够理性思考了），并且对很多新鲜事物都会产生浓厚的兴趣。

对于8～12岁的女孩，妈妈应该把以下几个方面作为发展重点：

1. 培养女孩的学习能力

在这一阶段，女孩的记忆力处于黄金期，所以这也是培养女孩学习能力的最佳时期。在这一阶段妈妈可以重点培养一下女孩的抽象思维能力。

2. 培养女孩广泛的兴趣和爱好

在这一阶段，女孩对新鲜事物充满了探索欲，妈妈可以培养她广泛的兴趣和爱好，并从中选择一项或者两项重点培养。

3. 培养女孩的交际能力

在这一阶段，女孩会更加注重人际交往，并且喜欢与同龄的女孩一起玩儿。妈妈应该鼓励女孩多交朋友，以培养女孩的社交能力。

4. 积极塑造女孩优良的性格

从某种意义上讲，8～12岁的女孩已经有了独立思考的能力，所以这一阶段是女孩性格形成的关键时期，妈妈要积极引导女孩养成良好的性格。

5. 培养女孩的气质

8～12岁的女孩已经有了一定的审美观，对其自身而言，她独特的女孩气质在这一时期有着非常强的可塑性。所以妈妈应该注重培养女孩的气质，以便让她具备超凡脱俗的气质。

6. 培养女孩的品德修养

在这一阶段，女孩已经有了一定的是非分辨能力。所以，妈妈应该培养女儿优良的品德。

13～16岁：协助青春期女孩度过人生迷茫期

在这一时期，伴随着女孩身体的发育，其身心都会受到一定的影响。有的女孩会喜怒无常、情绪多变，刚才还是晴空万里，转眼间就乌云密布了，谁也猜不透她们内心的想法。

青春期女孩是非常矛盾的。一方面，她们时常表现出强烈的自尊；另一方面，她们又常常陷入迷茫之中，不知道自己该做什么，该怎么做。所以，妈妈在这个时候一定要给予女孩足够的理解、支持、关心和耐心，协助她顺利度过青春期。

对于13～16岁的女孩，妈妈应该把以下几个方面作为发展重点：

1. 注重培养女孩的独立性

在女孩的青春期，她们的独立意识会更加强烈，这也是培养她们独立性的关键时期。这个时候妈妈要多多鼓励女孩，注重培养她的自信心和独立自主的能力。

2. 培养女孩和异性相处的能力

在这一阶段，女孩开始对男孩产生好感，甚至还会和男孩“谈恋爱”。在这个时候，妈妈不要过分限制女孩和男生的交往，因为和异性相处也是一种能力，并且关系到女孩今后的择偶以及婚姻。在这个特殊时期，妈妈应该鼓励女孩和男生正常交往，并让她把握好和男生交往的尺度。

3. 帮助女孩树立良好的世界观、人生观和价值观

在这一阶段，妈妈应该积极引导女孩，让她建立起自己的世界观、人生观和价值观。

3. 爱哭爱闹——捕捉女孩的情绪表达

很多时候，女儿向妈妈诉说、抱怨，并不是想得到妈妈的指点和帮助，她们只是想找一个人倾诉，发泄一下心中的不满而已。

作为妈妈，一定要学会识别和掌握女孩表达情绪的方式，否则不仅无法做到真正了解女儿，有时候还会伤害到女儿。

女孩表达情绪的方式和成人是大不相同的，那么，我们应该怎样识别和对待女孩的情绪呢？

方法一：识别和掌握女孩常用的一些表达情绪的方式

女孩表达情绪的方式虽然和成人大不相同，但也是有迹可寻的：

焦虑的情绪：咬指甲、喋喋不休地谈话，说话时发生口吃现象、晚上睡觉抱一个枕头或者一本书。

厌烦的情绪：敲桌子、跺脚、手撑着头、胡乱涂鸦、茫然地凝视。

喜悦的情绪：眼睛张大、微笑、注视。

恐惧的情绪：脸色苍白、呼吸不畅、嘴唇颤抖。

愤怒的情绪：脸色发红或者发青、面部肌肉抽搐、双眉竖立。

方法二：肯定和接受女儿的情绪

女儿：妈妈，我养的小鱼今天早上死了。

妈妈：好了，别哭了，妈妈明天早上再给你买一条。

女儿：我不要，我就要我原来的那一条。

妈妈：你这孩子怎么这么任性。不就是一条小鱼嘛！我不是答应再给你买一条了吗？

女儿：好了，我不跟你说了，真烦人！

很多时候，妈妈就是这样和女儿发生争吵的。其实这个女孩需要的不是另一条小鱼，而是希望妈妈能理解她目前的心情。对于敏感的小女孩来说，如果她的情绪得不到认同，往往很难接受妈妈的建议和道理。她甚至会觉得妈妈非常烦，从而把消极情绪发泄到妈妈身上。所以，妈妈不要否定女孩的情绪，更不要盲目地提出建议，而是要肯定和接受女孩的情绪，做到了这一点，很多问题就迎刃而解了。同样的情形，我们再来看看这样一段对话：

女儿：妈妈，我养的小鱼今天早上死了。

妈妈：难怪你这样伤心。

女儿：我每天都喂它吃东西，昨天晚上还喂它了呢。

妈妈：你还真够关心它的。

女儿：妈妈，你能再给我买一条小鱼吗？

同样一件事，由于处理方法不同，结果也大不相同。可见，当女孩情绪不好的时候，妈妈要尝试着肯定和接受她的情绪，这样才能让女孩迅速地从消极情绪中走出来。

方法三：询问女儿是否需要帮助

放学回家后，女儿气呼呼地对妈妈说："真是太气人了，明明不是我的错，但老师却批评了我。"妈妈点了点头说："被错怪确实挺让人难受的。"女儿的情绪有些缓和。妈妈接着又拍了拍女儿的肩膀说："妈妈挺想帮你的，用妈妈和老师解释一下吗？"女儿想了一会儿，说："老师也不是故意的，还是算了吧。妈妈，谢谢你关心我。"

很多时候，女儿向妈妈诉说、抱怨，只是想发泄一下，并不是真的需要妈妈的建议和帮助。但是有些时候，她也需要并愿意接受妈妈的帮助。如果妈妈弄不清楚女儿到底是否需要帮助，可以像上文一样，用“妈妈是爱你的（挺想帮你的），你需要妈妈的帮助吗”这样的句式询问一下。不过在询问之前，仍需要先肯定和接受女儿的情绪。

4. “我漂亮吗”——爱美是女孩的天性

女孩在很小的时候就已经开始关注自己的外表了。例如，两三岁的女孩喜欢有可爱图案的服饰；再大一些的女孩会想试穿妈妈的衣服、用妈妈的化妆品；等到她们年纪再大一些，就开始关心穿什么样的衣服、弄什么样的发型，甚至还会和同伴讨论一下用什么品牌的化妆品效果更好。

爱美是女孩的天性，也是一种积极、健康的追求。靓丽的外表不仅能够让人赏心悦目，也能够展现女孩的气质和魅力，从而让女孩获得更多的自信。可以说，女孩爱美是没有错的，但是太过于关注自己的外表，却可能不利于女孩的发展。

场景一：

彤彤12岁了，是一个胖嘟嘟、非常可爱的小姑娘。但彤彤自己却不这样认为，她认为自己的体形让她很没面子，每次看到那些高挑的女孩都会自惭形秽。尤其当班里调皮的男孩叫她“小胖妞”之后，她更自卑了，并且开始节食减肥。由于常常不吃晚饭，彤彤小小年纪就得了胃病。

场景二：

丽丽14岁了，她本来是一个聪明的女孩，但是她的成绩非常差，这是因为她把很多精力花在了自己的穿衣打扮上。有一次，妈妈请来一位数学老师给丽丽补课，老师讲了没有半小时，丽丽就烦了，向老师提出要上厕所。结果老师等了20多分钟，也没见丽丽出来。丽丽的妈妈到卫生间一看，原来丽丽正拿着口红和眉笔给自己化妆呢！

从上面两个例子可以看出，女孩如果太过于关注自己的外表，不仅会耽误学习，甚至会损害身心健康。现在有的媒体宣扬这样一种错误观念——女孩拥有漂亮的外表就会拥有一切，这对女孩的成长是极为不利的。很多女孩把自己的一生幸福寄托在自己的美貌上面，还有些女孩把自己的美貌当作炫耀的资本。所以，妈妈应该培养女儿正确的审美观，让她对容貌有一个积极的认识，要让女孩学会追求真正的心灵美，而不是单纯去追求外表美。

方法一：妈妈要以身作则，给女儿做一个好榜样

露露的妈妈是一家化妆品专卖店的经理，所以对自己的穿着打扮要求非常高。但是她在化妆的时候尽量回避女儿，并且在家中穿得很休闲。有一次，5岁的露露看到妈妈正在镜子前化妆，忍不住对妈妈说："妈妈，你能把你的化妆品借给我用用吗？"妈妈拍了拍女儿的肩膀说："宝贝，你用不着化妆，自然美才是真正的美。妈妈化妆是为了工作的需要。"

妈妈是女儿学习的榜样，对女儿的影响非常大。如果妈妈热衷于美容、化妆，那势必会影响到女儿，让女儿更加关注自己的外表。所以，妈妈要给女儿树立一个好榜样，不要总是浓妆艳抹，如果确实需要化妆，可以像上文中的露露妈妈一样，给女儿一个合理的理由。

方法二：告诉女儿只靠美貌不能获得成功

8岁的瑶瑶非常喜欢看电视，尤其喜欢看那些漂亮的女影星。她常常对妈妈说：“我要能长成xxx那样就好了，那样的话我也能成为大明星。”妈妈意识到女儿受了这些电视节目的影响，便对她说：“女孩并不是只靠美貌就能获得成功的，你想想，xxx如果不勤奋拍戏，能够获得这么大的成功吗？”接着便给女儿讲起了拍戏的辛苦。最后女儿点点头说：“我懂了，女孩要获得成功光靠容貌是不行的，更要勤奋努力才行。我以后也会努力的。”

女孩的年纪还小，很容易受到各种媒体的影响，进而形成错误的审美观——女孩只要拥有了美貌，就可以拥有一切。作为妈妈，一定要告诉女儿：只靠美貌不能获得成功，勤奋和努力才是获得成功的关键。

方法三：不要对女儿的容貌进行批评或者赞美

王佳小时候长得非常漂亮，王佳的妈妈逢人便夸赞自己的女儿。这让王佳非常得意。等王佳长大一些，妈妈觉得她没有小时候漂亮了，尤其是她的鼻子长得太大了，这让王佳非常苦恼，开始变得自卑。

日常生活中，妈妈不要总是对女儿的外貌进行批评或者赞美。当然，要夸奖女儿时，可以夸奖她可爱、勤劳、有精神、有朝气等。

5. “我要你陪我”——女孩渴望妈妈的爱与关注

很多妈妈都会发现，等女儿稍稍长大一些，她们会变得非常缠人。有些妈妈因为被缠得不耐烦了，有时还会责备女孩。其实这样做是不对的。女儿变得非常缠人，这是因为她有被人关爱等心理需求。

那么，女孩都有哪些心理需求呢？儿童心理学家研究发现，女孩基本的心理需求主要包括以下几个方面：

个人归属感的心理需求

每个人都有归属感的需求，他希望被一个集体或者一个团队接纳和肯定。女孩当然也不例外。有时候，女孩主动帮父母干活儿，就是为了满足自己的个人归属感。所以在保证安全的前提下，父母应该接受女儿的帮忙，这样一方面可以满足她的个人归属感的心理需求，另一方面还可以培养她的独立能力。

情感依赖的心理需求

女孩对于情感依赖的需求是非常强烈的，因此，她会常常缠着父母，很大程度上是因为这种心理需求没有得到满足。所以，父母应该多和女孩沟通，满足女孩的这种心理需求。

被关注的心理需求

当女儿感到自己被妈妈冷落时，会做出一些异常的举动来吸引妈妈的注意力，例如，大声唱歌、摔东西、说谎等。在这种情况下，妈妈应该和女孩多沟通，看她有什么心理需求，而不应该认为这只是女孩在故意搞破坏。

方法一：让女儿的心理需求得到满足

茜茜的妈妈在一家律师事务所工作，平时非常繁忙。但是每天下班后，她都会抽出一小时左右的时间来陪女儿，有时两个人一起做游戏，有时手拉着手去公园散步。因为有妈妈陪她，茜茜每天都过得快快乐乐的。

随着生活节奏的加快，现在的妈妈和孩子在一起的时间越来越少了，这对女孩的心理健康会有一定的影响。所以父母（尤其是妈妈）应该多抽些时间来陪陪孩子，哪怕只是牵着她的小手去逛逛街、散散步，她也会感到非常快乐。

方法二：告诉女儿“妈妈是爱你的”

场景一：

妈妈要去上班，但女儿就是抓着妈妈的衣服不让她走。妈妈拥抱了一下女儿，亲切地说：“你是不是感觉妈妈陪你的时间太短了？妈妈其实是非常爱你的，等妈妈有了时间一定好好陪你。”女儿点了点头，放了手。

场景二：

妈妈要去买酱油，女儿吵闹着也要一起去。妈妈抚摸了一下女儿的脸，亲切地说：“妈妈去买酱油是为了给乖女儿做香喷喷的菜，你等一下，等妈妈回来咱们一起做，妈妈还需要乖女儿帮忙呢。”女儿点了点头，停止了吵闹。

当女儿表现得非常缠人的时候，妈妈不要打骂女儿，而应该和女儿进行沟通，告诉女儿你是爱她的。当女儿的心理需求得到满足时，缠人的现象也就慢慢消失了。

方法三：主动让女儿帮自己做事

妈妈准备做饭，对女儿说：“妈妈现在需要帮忙，你可以帮妈妈择菜吗？”女儿非常爽快地答应了，甚至还为此有些得意。等女儿择完菜，妈妈表扬她说：“择得真干净，妈妈都没有你细心呢。”女儿更加高兴了，说：“妈妈，明天你做饭，我还帮你择菜。”

女孩有个人归属感的需求，她希望能为父母做些事，从而得到父母的肯定。所以父母应该满足女儿这样的需求，从而培养她的独立性。不过，在女儿“出色”地完成自己的任务时，父母要给予她

妈妈，我要和你一起去。
你这孩子怎么回事！我不是跟你说了嘛，我去上班，不能带你去。
妈妈，我要和你一起去。
这是不可以的。不过妈妈保证上班的时候会想你的，在家等妈妈，好吗？

适度的表扬，这样可以让她更乐于帮父母做事，并且养成爱劳动的好习惯。

6. “我不敢，我害怕”——为何有的女孩胆小

其实，女孩并不是生来就胆小的，这和妈妈的教育方式有很大关系。

过分宠爱

很多妈妈认为小女孩温顺、柔弱，便过分溺爱，什么事也不让她们做。妈妈这种过分保护的方式会给女孩传递一种消极的暗示，让她们认为做任何事都非常艰难，从而对实践产生恐惧心理。

灌输弱者心态

很多妈妈潜意识里把女孩当成弱者来看待，并把温顺、文静甚至柔弱当成培养女孩的目标。这种过分的渲染会使女孩产生一种错误的认识——女孩天生就是懦弱胆小的，从而什么事也不敢放开手脚去做。

经常恐吓

在女儿哭闹的时候，有的妈妈会这样恐吓女儿：“再哭大灰狼就来了，专吃爱哭的小孩。”女孩在年幼时并不知道大灰狼之类的事物是妈妈杜撰的，常常会信以为真，从而产生深深的恐惧。

正确做法是妈妈要多鼓励女儿，并且带她向恐惧宣战，可以参考以下方法。

方法一：鼓励女儿进行实践

妈妈多鼓励女儿进行实践，女儿见多识广了，就不会再胆小怕

事了。当然，在鼓励女儿进行实践的时候，也要考虑女儿的能力以及事情的可行性，如果觉得可行，就鼓励女儿放手去做，即使自己有些担心和紧张，也不要表现出来，因为这样会给女儿造成一定的压力，打击女儿的自信心。

方法二：鼓励女儿维护自己的权益

妈妈发现女儿最近两天总是闷闷不乐，一问才知道这些天她总是被同桌乐乐欺负。妈妈告诉女儿：“你应该把这件事告诉老师，老师会处理的。”女儿有些担心地说：“乐乐警告过我，不让我告诉老师。”妈妈对女儿说：“你只有敢于向那些欺负你的人宣战才能不再被欺负，你要是害怕他们，他们就会欺负你。”接着妈妈又拍了拍女儿的肩膀说：“你不要害怕，有妈妈呢！如果向老师告状也不管用，妈妈会出面帮你解决的。”女儿点了点头，第二天把乐乐欺负自己的事告诉了老师。老师狠狠地批评了乐乐一顿，从此以后，乐乐再也不敢欺负她了。

很多时候，妈妈总是告诉女儿要学会容忍、谦让，这当然是一件好事，但是容忍、谦让并不等于逆来顺受。当女儿的正当权益受到侵害时，我们应该鼓励女儿维护自己的权益，而不是默默忍受。

7. “你喜欢我吗”——别忽视女孩的敏感性

和男孩相比，女孩要敏感得多，即使是别人不经意间所说的一句话，都可能会让她们伤心好半天。这种敏感的特性对女孩来说是一把双刃剑，一方面，它使得女孩情感细腻，善于发现和捕捉一些微妙、细节性的信息；而另一方面，它又容易让女孩变得有些多疑，甚至感觉自己受到了伤害。

作为妈妈，一定要注意女孩这种敏感的特性，否则很可能无意中伤害到女孩。

妈妈刚把房间收拾好，5岁的女儿就把房间弄得乱七八糟。妈妈有些生气地说："你这孩子怎么这么累人，妈妈再也不喜欢你了！"刚才还在闹腾的女儿马上安静下来，沮丧地回到自己的房间。等到了晚上吃饭的时间，女儿仍待在自己的房间里不肯出来。妈妈去叫她吃饭，看到她脸上满是泪花，便问其中的原因，结果女儿一下子哭出声来："妈妈不要不喜欢我，我再也不累人了……"

一般来说，女孩十分看重人际关系，尤其是和妈妈的关系。她们非常在意妈妈对自己的评价，所以妈妈不要用"我再也不爱你了""我再也不喜欢你了"这样的话来吓唬女孩，因为她们有时真的会当真，并且内心感到十分痛苦。

因此，在与女孩沟通时，要掌握一些方法。

方法一：做女儿的知心朋友

一个妈妈曾经这样谈到自己的育女经验：

很多妈妈都认为小女孩脆弱、敏感、不好相处，这是因为她们缺乏和女孩相处的正确方法。我和我女儿不仅仅是母女关系，更是朋友关系，她什么话都愿意和我说。记得有一次她爸爸批评了她，她非常伤心地找到我说："妈妈，我惹爸爸生气了，他会不会不喜欢我了？"我抚摸着女儿的头说："爸爸怎么会不喜欢自己的宝贝女儿呢，不过以后可不要让爸爸生气了。"女儿懂事地点点头，心中的担忧终于放下了。

这个妈妈的育女经验非常值得我们学习。小女孩有时是敏感的，妈妈只有和她成为好朋友，她才会放下戒备，让妈妈真正走进她的心灵，分享她的喜悦和痛苦。

方法二：批评女儿时告诉她你是爱她的

妈妈刚买回一条新裙子，就被女儿用小剪刀弄成了“残次品”。妈妈心中十分生气，斥责女儿说：“你这孩子怎么这么淘气，妈妈刚买的裙子就被你弄坏了……”妈妈的话还没有说完，女儿就哇的一声哭了起来，一边哭一边说：“妈妈嫌贝贝淘气，不喜欢贝贝了……”妈妈意识到刚才的批评伤了女儿的心，赶紧抱住女儿，抚摸着她的头说：“贝贝是妈妈的乖女儿，妈妈怎么会不喜欢贝贝呢？不过以后贝贝再想当裁缝，要事先跟妈妈说，不要用小剪刀乱剪衣服了。”女儿点了点头，终于停止了哭泣。

生活中，小女孩十分在乎妈妈是否爱自己，有时候一句简单的批评，她们都能引申出其他的意思。所以我们在批评她们的时候可以用“妈妈是爱你的，但是妈妈不希望……”这样的句子，一方面可以避免让女孩过多猜想，另一方面也有助于她们改正错误。

方法三：增强女儿的自信心和承受能力

妈妈刚做好晚饭，就看到女儿抹着眼泪走进家门。妈妈问女儿发生了什么，女儿哭着说：“老师说我唱歌不好听，不让我参加学校的演唱队。”妈妈安慰女儿说：“不能参加学校的演唱队确实挺遗憾的，不过我家女儿不仅舞跳得好，画也画得好，可以参加学校的舞蹈队和绘画班啊。”女儿一听来了精神，马上不哭了。妈妈接着说：“以后再遇到困难和挫折时不要光哭鼻子，因为这样做什么事情也解决不了，你要通过自己的勤奋和刻苦去赶上并超过别人。”女儿点了点头，说：“妈妈，我懂了，我现在就练习唱歌去。”

在家里，我们可以照顾到女儿的情绪，不让她受到伤害，但是并不能保证所有的人都这样做。所以，为了让女儿少受伤害，就必须增强她们的自信心和承受能力。只有这样，才能让女孩坦然面对困难和挫折，而不是只会哭鼻子。

第二章

不娇不惯是妈妈必须掌握的教育智慧

1. 世上只有妈妈好——母亲缺席，女孩易叛逆

曾经有一位幼教工作者这样描述母女间的关系：大多数女孩在生命之初，都是由自己的妈妈来哺乳和照顾的。在生命最初的这段时间里，女孩会深深沉浸在妈妈的世界中。她们只要听到妈妈的声音、看到妈妈的微笑或是注意到自己的妈妈就在身边，就会变得很安静，还会张着小嘴笑或是蹬着小腿表示对妈妈的欢迎。

不过，如果在女孩最需要妈妈的爱与关注时，却没有得到满足，她就会变得哭闹不止、任性、叛逆，甚至去做一些不好的事情，以便得到妈妈的关注。

天下没有妈妈不爱自己的孩子，但很多妈妈因为各种各样的原因对自己的女儿疏于照顾和关爱，以至于造成母爱的缺失。随着女孩年龄的增长，幼年时期母爱缺失的不良影响将会越来越大。所以，女孩的妈妈应该时刻审视自己哪里做得不好、哪些方面需要改善，然后尽自己最大的努力给女儿一份完整的母爱。

方法一：用爱补回女儿缺失的亲情

有人说：爱是一份特殊的工作，更是一份辛苦的工作。女孩需要妈妈更多的爱与关注，而这也意味着妈妈必须在女儿身上花费足够多的时间，因为对女儿的爱与关注在于陪伴，或许你需要耐心地关注在草地上打滚儿的女儿，听女儿讲不连贯的故事……这些都是母爱的体现。

如果女孩在童年时期得到足够的母爱，那么她长大后就会拥有自信和安全感。反之，那些从小就缺失母爱的女孩，可能会变得自卑、孤僻、叛逆，极度缺乏安全感。

因此，在女儿的成长过程中，妈妈可以分阶段侧重。在女儿的幼年时期，如果需要和女儿分开一段时间，妈妈就要给女儿爱的保证，以及相应的实际行动。如“妈妈不会忘记你的，很快就会回来接你。”“妈妈太忙无法好好照顾你，你暂时去奶奶家住一段时间，妈妈一定会经常去看你的。”这些话一定程度上会减少女儿的分离焦虑。

方法二：用真诚的爱打动女儿的心

有一个女孩曾这样讲述自己的经历：

小学三年级我就在日记本中写下这样一句话：“我今生绝不原谅我的妈妈！因为她是个坏女人，她不配做我的妈妈，她曾在这个家最困难的时期抛弃了我们。”

我记得小时候爸爸突然失业了，天生老实的爸爸整天被妈妈讽刺、挖苦，妈妈骂他窝囊、没出息，一辈子挣不了大钱。妈妈对我也是呼来喝去，没给过我一个好脸色。后来，她跟爸爸离婚了。

从此之后，我就像活在了永无止境的黑暗里，再也没有真心地笑过。自从妈妈走后，爸爸整个人仿佛更没有了活力，天天唉声叹气。我们家里生活拮据，爸爸摆摊给别人修自行车，勉强地维持着我们的生活。

每次听到别人说我可怜，我就觉得自己更可怜，而这一切都是我的妈妈带给我的，我现在真的很恨她……

“恨”这个字怎么能出现在母女之间呢？这两个原本最该亲密无间的人，为何变成了仇人呢？从事例中我们不难看出这是因为妈妈没有真正爱自己的女儿。

生活中，只有真诚的爱才能打动女儿的心，那些认为只要给予女儿生命、养活女儿长大就算尽了母亲职责的人，是最不负责任的母亲。所以，请妈妈真心地爱自己的女儿吧！

2. 妈妈是镜子——女儿会“复制”妈妈的模样

法国著名的作家巴尔扎克说过：“决定未来的是孩子，决定孩子的是母亲，民族的未来掌握在母亲的手中。”的确如此，母亲不仅给予了孩子宝贵的生命，更对孩子的一生起着至关重要的作用。她就像一面镜子，能够“映照”出孩子所表现出来的一切。

女孩在成长过程中，与她待在一起时间最长的人就是妈妈，所以妈妈的言行举动就成了她模仿的对象。例如，她会偷偷地穿上妈妈的高跟鞋，涂上妈妈的化妆品，学着妈妈的样子说话……

作为对女孩人生影响深刻的妈妈，要想扮演好自己的母亲角色，最重要的就是做好女儿的榜样，让女儿能从自己的身上学到更多有益于其人生的东西。

方法一：做一个不唠叨、不抱怨的好妈妈

在日常生活中，很多妈妈总是喜欢扮演“说教者”的角色，以至于这种行为直接影响到与她们朝夕相伴的女儿。

场景一：

女儿期中考试一门课只考了60分，因此沮丧的她不想理任何人。而这时，妈妈一直说：“平时让你好好学习，你不听！现在考出这种成绩，你有什么可垂头丧气的！这都是你平时不努力的结果。”女儿不耐烦地说：“妈妈，你烦不烦啊！”

场景二：

一大早，面对睡懒觉的女儿，妈妈说：“我早说让你早睡一些，你吃早饭没？不吃早饭可不行，吃了早饭再去学校。”女儿急急忙忙地拿起书包说：“我到学校吃。”妈妈马上接着说：“什么？去学校吃？学校做的饭哪有妈妈做的好吃，你还是吃了再走吧。我看时间还来得及……”

两个家庭的妈妈本意都是出于关爱女儿，但不停的说教只会引起女孩的反感。久而久之，那些整天听妈妈唠叨、抱怨的女孩也容易变得消极起来。所以，在实际生活中，妈妈应该改掉爱唠叨、爱抱怨的毛病，变得乐观、自信、积极起来。

方法二：做一个理性、坚强的好妈妈

事实上，人们都希望自己与强者为伍。因为这会带给他们安全感，而且也会让他们自身变得积极起来。所以，妈妈应该在女儿面前做出理性、坚强、勇敢的好榜样，让女儿变成一个理性、坚强、勇敢、乐观和自信的人。

方法三：做一个品行高尚的好妈妈

如果一个妈妈在日常生活中有同情心和爱心、孝敬长辈，女孩就会受到影响，并且模仿妈妈的行为，变成一个有孝心、有爱心的善良女孩。

3. 习惯、品德、爱情观——妈妈对女儿的影响

美国一位心理学家做过这样一项研究，他选取社会上几十名成功人士作为甲组，让其回忆妈妈的教育对他们的影响。另外，他又选取监狱里相同人数的囚犯作为乙组，也让他们回忆妈妈的教育对他们的影响。巧合的是，甲、乙两组里竟有两个人有过类似的回忆，但他们的妈妈对其影响却大相径庭。

乙组的那名囚犯回忆说：“小时候，妈妈拿着一篮子大小不

同、青红不均的苹果对我们三兄弟说：‘你们想要篮子里的哪一个苹果？’当时我心想，当然要又大又红的苹果啦，但我还没来得及说，我弟弟就抢先对妈妈说：‘妈妈，我要那个又大又红的苹果。’这时，妈妈突然板起脸，很生气地对弟弟说：‘你真不懂得谦让，小孩子怎么能先要又大又红的。’于是，我从妈妈对弟弟的态度知道了妈妈的喜好。所以我心中虽然想着得到那个又大又红的苹果，嘴上却说：‘妈妈，我要那个又小又青的苹果。’妈妈马上就说：‘真是好孩子。’说完，妈妈就把篮子里那个又大又红的苹果给了我。从这件事中我就得出这样一个结论，要想得到自己想要的东西，不能说真话。因此我自小就学会了撒谎，长大以后还走上了犯罪之路。”

甲组的那位成功人士，也是家有三兄弟，同样是某一天妈妈拿着一篮子苹果，对三兄弟说：“你们看到了，这个篮子里有大小、青红不一样的苹果，可这个又大又红的苹果给谁呢？你们应该知道我们家后花园有三块草地，现在你们三兄弟去花园修剪草坪，最后谁修剪得又快又好，我就把这个又大又红的苹果给他。”最后是这位成功人士修剪得又快又好，自然他就得到了那个又大又红的苹果。从这件事中，他体验到一个道理：人要想得到自己想要的东西，就一定要靠自己的努力和奋斗，而这种行为习惯和理念一直伴随着他走向成功之路。

我们从上面两个妈妈分苹果的故事中不难看出，一个孩子自小的家庭教育，尤其是妈妈的教育行为对他的影响巨大。事实上，一个女孩从小到大，妈妈的一切，包括妈妈的形象、习惯、品德、做人的原则、爱情观、思想等都会在不知不觉中影响到她。

那么，妈妈应该如何给女儿带来正面、积极的影响呢？

方法一：给女孩有节奏、有条理的生活

一个妈妈这样说道：

一直以来，我都知道作为一个妈妈对自己的女儿有着怎样重要的影响。没生孩子前，我是一个有些懒惰的女人，生了女儿之后，全家人都觉得我变了，变成了“家务女王”。我不但把家里收拾得很干净，而且还及时督促家里每个成员的个人卫生，我希望这样的好习惯一直伴随着女儿的成长。

最近，我新换了一份工作，突然忙了起来，再加上身体也有些不舒服，有时就懒得打扫家务了。不过，我的生活方式已经深深影响了女儿，所以每当我感到疲劳的时候，就会对女儿说：“妈妈有些累了，你能帮妈妈打扫一下卫生吗？”而往往还没等我说完，女儿就已经很勤快地去打扫了。当然，女儿每次帮忙整理家务时，我都会适时地表扬她：“我的女儿真是了不起，把我们家打理得多么干净整洁，真是看着都开心，住着就更舒心了！”

所以，妈妈要想培养女儿良好的生活习惯，就要以身作则，先培养自己的良好习惯，真正给女孩一个有节奏、有条理的生活。

方法二：妈妈要做到表里如一、举止文明

妈妈不要以为只有自己同女儿谈话、教导女儿的时候才是在教育孩子。其实在你生活的每一瞬间，如你怎样与别人说话、怎样对待他人、怎样穿衣打扮、怎样笑、怎样为人处世等所有这一切，对女孩都有很大的教育意义。

所以，作为妈妈，我们有责任更有义务成为一个思想高尚的人，不但要做到表里如一，更要培养自己健康的情趣和文化修养，并利用自己的良好行为去影响女儿。如果你是一个善良、有爱心、有同情心的品德高尚的人，那么在你长期的影响下，你的女儿也必将成为一个品德高尚的人。

4. 尊重、理解、宽容——培养卓越女孩的秘诀

很多妈妈都发现，和小女孩沟通、相处确实不是一件容易的事。打骂她们不行，冷淡她们不行，批评严重了也不行，对她们百依百顺还不行……有些妈妈竭尽全力和女儿搞好关系，到头来却仍然得不到女儿的认同——“妈妈和我有代沟”。

那么，在女孩心目中最理想的妈妈是什么样的呢？某项调查显示，大部分女孩把票投给了这几个选项：

尊重我，让我平等地参与家庭生活；

理解我，做我的知心朋友；

宽容我，允许我犯错误；

赞赏我，在我取得成绩的时候对我提出表扬；

信任我，不做我的监工；

说话算数，不轻许诺言。

从上面这几条要求来看，女孩非常渴望得到妈妈的呵护和关爱，但她们同时又希望妈妈把她们当作独立的个体来看待，给她们一定的自由和空间。其实，我们只要稍加用心，对女儿多些关爱和理解，这些要求还是很容易办到的。

尊重、理解、宽容能够让妈妈和女儿的关系迅速升温。那么，妈妈该怎么做呢？

方法一：尊重女儿，不把自己的想法和意愿强加给女儿

一个妈妈谈到自己的育女经验：

在前几年，女儿和我的关系很冷淡。尽管我竭尽全力想和她

搞好关系，她却总是对我敬而远之。后来，我终于找到了女儿不愿意接近我的原因——我常常把自己的意愿强加给女儿。例如，做游戏时，我常常会告诉她："这样做，别那样做！"做其他的事也是如此。女儿的年纪虽小，但是她也有自己的想法，由于她的想法在我这里总是得不到实现，于是只能对我敬而远之了。找出这个原因后，我不再做女儿的"指挥长"，而是尊重女儿的想法和意愿。如果觉得女儿的做法行不通，我也不会生硬地阻止她，而是给她提出合理的建议："妈妈觉得这样做不合适，倒不如……"女儿一般还是会采纳我的建议的。

可见，和女孩交流，一定要尊重女孩的想法和意愿。妈妈不能把自己的意愿和想法强加给女儿，否则无法取得理想的沟通效果。

方法二：用理解跨越和女儿之间的代沟

很多妈妈竭尽全力想和女儿搞好关系却无法得到女儿的认同，就是因为她们和女儿之间存在着代沟。她们都抱怨，自己不能和女儿说到一起；自己喜欢的东西女儿根本没有兴趣，而女儿感兴趣的东西自己又不了解。妈妈和女儿之间的代沟并非鸿沟，妈妈只要多站在女孩的角度上去思考问题，就能跨越代沟。

下面是一个妈妈的育女经验：

我和女儿有着不同的兴趣和爱好。我喜欢听经典歌曲，而女儿喜欢流行音乐；我喜欢读书，而女儿喜欢唱歌跳舞。开始的时候，我拼命地把自己的兴趣、爱好"推销"给女儿，但是不仅没有成功，还被女儿嘲笑为跟不上时代。从那以后，我开始向女儿学习，和她一起听流行音乐，一起唱歌跳舞。渐渐地，我们谈论的话题多起来，关系也更加亲密。

很多妈妈总想说服女儿，把自己的兴趣、爱好以及行为方式全盘“推销”给她们。其实，妈妈应该主动去了解女儿的兴趣、爱好，这样才能增加双方的话题，让交流变得更加高效。

方法三：换位思考给女儿上宽容课

艾凌和老公刚刚搬了新家，看着刚刚装修好的房子，两个人心里别提有多高兴了。有一个周末两个人有事外出，只有4岁的女儿和奶奶在家。等办完事回来，两个人都傻了眼——原本洁白的墙壁上，被女儿涂得乱七八糟。原来，女儿趁奶奶在厨房做饭的时候，在墙上涂鸦。

女儿一见到爸爸妈妈，兴冲冲地扑到两个人的怀里，有些得意地说：“爸爸妈妈，你们看我画得好看吗？”

艾凌的老公早就想发火了，他刚想开口骂女儿，却被艾凌用眼神阻止了。艾凌抚摸着女儿的头，亲切地说：“宝贝画得真好看。不过，如果你白嫩的小脸上被人写上字、画上画，你还会高兴吗？”

女儿想了一会儿，点了点头说：“要是我脸上被人写了字、画上画，我一定会很难过的。爸爸妈妈，我以后再也不在墙上乱画了。”

事后，艾凌对老公说：“女儿还是个四五岁的孩子，她只知道在墙上写字画画好玩儿，还不知道把新装修的墙壁弄脏会多么让人心疼。所以，你朝她发火只会让她觉得害怕，解决不了什么问题。还不如给她讲些道理，让她以后别再犯同样的错误。”

很多时候，我们都会抓住女儿的错误不放，轻则说教批评，重则嘲讽打骂。其实对女孩来讲，有些错误并不能完全归咎于她们，女孩在某个年龄段的特点决定了她们可能会犯类似的错误，这是很正常的。所以，妈妈要学会站在女孩的角度上思考问题，理解并宽容自己的孩子。

5. 呵护而不娇惯——别让爱心成为坏心

生活中，很多妈妈把自己的宝贝女儿视为掌上明珠，不仅舍不得让女儿干任何家务，而且女儿有什么要求也是尽力去满足。她们认为这样做是在爱女儿，殊不知是在惯女儿，最终并不利于女儿的成长和发展。

场景一：

7岁的娜娜是家里的独生女，平时妈妈把她视为掌上明珠，什么事都由着她。结果娜娜越来越骄纵、越来越难管了。饭菜不可口了，她会责怪妈妈的厨艺不行；有什么事不顺心，她会和爸爸妈妈大吵大闹；和小朋友在一起玩儿，她也总是以自己为中心，结果谁也不和她一起玩儿了。有一次，爸爸妈妈带她去超市买东西，她看上了一个价格200元的毛毛熊，由于妈妈不给她买，她竟然在超市地上打起滚儿来。

场景二：

琳琳已经12岁了，但爸爸妈妈仍然认为她是小孩子，什么事也不让她做，甚至连她的屋子、书包都由妈妈来收拾。她上初中后改为住校生，由于没有生活能力，她常常给妈妈打电话，让妈妈来替她洗衣服、铺床、打扫宿舍卫生，她甚至还哭着向妈妈提出了休学的要求。

从上面两个事例可以看出，对女儿太娇惯很可能把她们培养成骄纵任性或没有生活能力的人，对她们以后的成长和发展都是十分不利的。其实，爱护和娇惯完全不是一个概念，爱护是关心、疼爱女儿，但并不是说什么事情都由着女儿。所以，妈妈千万不要把两者混为一谈，否则可能给女儿的成长带来不利影响。

生活中，妈妈要舍得让女孩动手干家务。多劳动、多动手对女孩的发展是有好处的，如果对她们过于娇惯，反而是在害她们。

方法一：让女儿学会吃苦

14岁的惠华是一个吃苦耐劳的小姑娘。每到周末，她就会帮妈妈擦地、洗碗、收拾房间，什么家务都干。和妈妈外出旅游的时候，她独自背着自己鼓鼓的旅行包，绝不让妈妈帮忙。惠华能做到这些，和妈妈的培养是分不开的，她的妈妈从小就让她分担一些家务，并且鼓励她自己的事情自己做。她认为，女孩在小时候不能吃苦，长大后也很难获得成功。

现在很多女孩变得娇气，很大一部分原因在于她们的妈妈舍不得让女儿吃苦，把她们的事情都包办了。她们竭尽全力为女儿提供一个优越的学习生活环境，希望女儿将来能够有出息，一辈子都不用受苦受累。妈妈的愿望是好的，却是违背生长规律的。因为不让女孩吃苦，就剥夺了女孩锻炼、提高的机会，也无法培养女孩面对逆境、面对挫折的意志和毅力。俄国著名作家屠格涅夫说过："要想成为幸福的人，首先就要学会吃苦。"我们现在让女儿学会吃苦，其实是为了她以后的幸福着想。

方法二：不要对女儿百依百顺

有些妈妈非常宠爱女儿，常常对女儿有求必应。还有些妈妈拗不过女儿的吵闹，最终也只得接受女儿的要求。其实这样做是错误的。美国心理学家研究认为，对于女儿提出的物质要求，只要满足其中的1/4就可以了，如果过多地满足女儿的要求，则是在溺爱孩子，最终会让孩子变成骄纵的"小霸王"或者"小公主"。

也许有妈妈会问："不答应女儿的要求，女儿又吵又闹怎么办？”其实，只要你给她好好解释一番，她一般会听取你的建议的。如果实在不行，还可以采用下面的方法。

9岁的女儿在商场里看中了一双鞋子，让妈妈买给自己。妈妈没有答应女儿的要求，女儿便又哭又闹地撒起娇来。妈妈拍了拍女儿的肩膀说："你先别哭，妈妈可以答应你的要求，不过你要通过自己的劳动来换取这双鞋子。"女儿马上不哭了，问妈妈："我怎样通过自己的劳动来换取这双鞋子呢？"妈妈说："你每天晚上帮我刷碗，我每次给你3元钱，20天后你就可以买这双鞋子了，而且这双鞋子是你用劳动换来的，不是花的爸爸妈妈的钱。"女儿想了一下，非常欣喜地接受了妈妈的建议。

这种方法既可以让女儿在要求没有得到满足时停止哭闹，还可以培养女儿爱劳动的好习惯，值得尝试。但是这种方法只能偶尔为之，如果用得太多，会让女儿的劳动等行为带上功利色彩。

6. 种庄稼需要好土壤——营造良好的家庭氛围

家庭对于孩子的影响是非常大的。美国一位心理学家曾经精辟生动地阐述了家庭教育环境和孩子成长之间的关系：

在批评中长大的孩子，将来会责难他人；在敌意中长大的孩子，将来喜欢吵架；

在嘲笑中长大的孩子，将来会个性羞怯；在猜忌中长大的孩子，将来容易心生忌妒；

在鼓励中长大的孩子，将来会深具自信；在称赞中长大的孩子，将来会懂得感恩；

在宽容中长大的孩子，将来会懂得忍耐；在分享中长大的孩子，将来会慷慨大方；

在信赖中长大的孩子，将来会信任他人；在公正中长大的孩子，将来会极富正义。

对于更依赖家庭、依赖妈妈的女孩来说，家庭氛围对她们的影响是巨大的。

为了女孩的健康成长，妈妈一定要努力为女儿营造一个理想的家庭氛围。那么，在女孩心目中，最想要的是什么样的家庭氛围呢？一家报刊做过一次调查，总结出以下几点：

1. 相互尊敬：家庭成员之间地位是平等的，每个人都有自己的生活空间，并且相互尊重。

2. 崇尚互爱：每个家庭成员都信任、珍爱对方，最大限度地让这个家变得和睦、友爱、温馨、甜蜜。

3. 相互沟通：每天大家都有一定的时间在一起聊天、闲谈。

对于情感需求非常强烈的女孩来说，妈妈可以参考以下方法为她们营造一个良好的家庭环境。

方法一：为女儿营造一个健康型的家庭氛围

小敏的妈妈十分喜欢美容，不仅常常跑美容院，在家的时间也总是补妆、照镜子。结果小敏深受妈妈的影响，小小年纪就描眉、搽粉、抹口红，把自己打扮得很成熟，与她的年龄、学生身份很不相符。

从上面的事例可以看出，小敏的妈妈由于过多专注美容，对女儿产生了不好的影响。此外，一些家庭中存在着赌博、酗酒等不良嗜好或习惯，它们对女孩会产生消极影响。作为妈妈，我们一定要引以为戒，并努力提高自己的道德修养，把尊敬长辈、懂礼貌等这些中华民族的传统美德发扬光大。这样，我们才能为女儿营造一个良好的家庭氛围，为她的健康成长打下基础。

爸爸妈妈，你们别吵了。
大人的事，小孩子别管！
你有本事的话到外面逞强，凶女儿做什么？
爸爸妈妈，你们别吵了。
对不起，好女儿，爸爸妈妈没吵架，我们在讨论一个问题，说话声音太大了。
嗯，我们等会儿再商量这个问题，你回屋写作业吧。

方法二：为女儿营造一个和谐型的家庭氛围

对于放学，小叶和小萱的感觉是完全不一样的。小叶心中是欢喜的，因为回到家可以和爸爸妈妈一起聊天、一起玩游戏，还可以手牵着手到小区的公园里玩耍。小萱却有一种恐惧感，因为她的爸爸妈妈总是吵架。放学后，她会在街头漫无目的地走啊走，希望太阳永远不要落下去。

尹建莉老师在《好妈妈胜过好老师》中有这样一句话："幸福的家就是五星级宾馆。"确实是这样，在夫妻恩爱、温馨和睦的家庭里，孩子会过得幸福快乐，而且能够得到全方位的教育。而那些夫妻不和、缺少关爱的家庭，常常会产生"问题"孩子。尤其对渴望妈妈关心爱护的女孩来说，如果她们无法感受到亲情的温暖，她们可能会用早恋、离家出走等消极的方式进行对抗。所以，我们一定要为女孩营造一个和谐的家庭氛围，让女孩快乐健康地成长。

方法三：为女儿营造一个学习型的家庭氛围

夏青14岁了，爸爸妈妈都在大学任教。当夏青上小学后，爸爸妈妈就专门给她开辟了一间书房，以便她安心学习，不受其他人打扰。每到周末，爸爸妈妈都会带她去图书城买书，有时候还会参观画展和听音乐会。在父母的影响和带动下，夏青不仅多才多艺，在她12岁那年还出版了自己的诗集。

为女儿创造学习型家庭氛围主要包括"硬件"和"软件"两个方面。"硬件"是指为女儿学习上的经济投入，如购买图书、学习资料等（有条件的家庭还可以为女儿开辟一个书房）；"软件"是指营造浓厚的学习氛围。学习不仅是孩子的事，妈妈的榜样作用对孩子的影响也非常大。所以，妈妈应该为女儿起到一个良好的带头作用，平时也要多看看书、"充充电"。

7. 树立合力教育意识——父母配合，齐心教育

实际生活中，我们常常会听到女孩这样评价自己的爸爸妈妈：

“我更喜欢妈妈，因为她总是那么温柔、亲切，那么细心地照顾我！”

“爸爸是我学习的榜样，因为他懂得好多我不知道的知识，而且他还很幽默，我觉得他是一个比超人还伟大的‘万能人’！”

“爸爸每天工作都很忙，总是很晚才回家，妈妈又整天忙家务，他们都没时间陪我玩儿，我觉得自己很孤独，有一种被抛弃的感觉！”

……

的确，在女孩的心目中，爸爸妈妈有着不同的形象，例如，妈妈慈爱温柔，爸爸严厉强大。事实上也的确如此，母亲的教育能够让女孩变得更加有爱心、更加细腻和整洁，而父亲的教育却能让她学会勇敢、坚强、充满力量。在家庭教育中，母亲的教育和父亲的教育两者缺一不可，倘若两者能够完美配合，那必将给女孩带来更多益处，反之，则不利于对女孩的教育。

那么在家庭教育的过程中，爸爸妈妈应该怎样配合，才能教育出一个更加健康、优秀的女孩呢？

方法一：爸爸妈妈切忌教育“脸谱化”

吃饭的时间到了，小洁却还在客厅里又玩儿又闹，不好好吃东西。妈妈要管，爸爸却说：“你就随着她吧。小孩子，饿了自然就会吃的。”结果，饭后妈妈好不容易把一切收拾干净，一扭身却见女儿用一双脏手在厨房的菜盘子里抓着吃菜。妈妈当然不允许这种情况发

生，正打算去制止女儿，在一旁的爸爸却说："饭还没有凉，让她去吃好了。"于是，小洁一直认为爸爸才是自己的救星，而妈妈居然不让自己吃饭，真不是一个好妈妈！所以，从那之后，每当小洁做了不应该做的事情都要向爸爸求救，只要她一用乞求的眼神望着爸爸，爸爸就会为她解围，妈妈却一点儿办法也没有。渐渐地，妈妈在家里反倒没了地位，小洁再也不把妈妈放在眼里了。

像这样一个"红脸"一个"白脸"的"脸谱化"教育现象，在中国家庭中比较普遍。这种表面上看似一严一宽、一硬一软的夫妻配合教育，其实对女孩的教育极为不利。

因此，父母在教育女儿的实践过程中，一定要边做边学，统一认识，通力合作，切忌在孩子的面前扮演不同的"脸谱"。

方法二：别当着女儿的面争吵

父母在教育女儿的问题上总会出现意见不统一的时候，假如此时双方各执已见、彼此不肯让步，甚至在女儿的面前争吵、谩骂，这样不但解决不了问题，还会加深夫妻之间的矛盾，给孩子的身心带来不良影响。所以，父母有矛盾和分歧时，要尽量协商解决，切忌在孩子面前发生争吵。

第三章

从来富贵多淑女，女孩一定要“富”着养

1. 富养不是溺爱——不要把你的女儿宠坏

什么才是真正的富养呢？富养，并不是溺爱和娇生惯养，也不是用金钱为女儿铸造华丽的城堡，而是一种更注重把女儿打造成一个精神富足、性格独立的人的教养方式。不过，现实生活中还是有很多父母不明白“富养女”的真正含义：

张女士是一家公司的经理，由于忙于事业，到了中年才生了一个女儿，所以分外娇宠她。有一次，张女士的朋友去参观她的家，被张女士女儿的百万衣帽间吓坏了——里面各种名牌应有尽有，张女士会定期领女儿去做指甲、做头发等。虽然小女孩年龄不大，但是张女士为了让女儿得到别人的夸奖，有时候大冬天也把女儿装扮成小公主，让孩子穿那些虽然时尚但不太保暖的衣服……

的确，张女士在“富养”女儿的道路上偏离了正确的轨道。所谓“富贵出淑女”，并不是说你用大量的物质去溺爱和娇惯女儿，她就会身心健康地成长，相反，这样养育出来的女孩很容易变得任性、骄纵、冷漠、自私。

那么，妈妈应该怎样富养女儿呢？

方法一：培养女儿的适应能力

一直以来都流传着这样一个故事：

很久之前，有一个年轻人走进了茂密的大森林，但几天后他迷路了，就在他生命受到野兽和恶劣环境威胁的时候，幸运地遇见了一个老猎人。他请求老人给自己一点儿补充体力的食物，可老人没有同意他的要求，而是选择送给他一杆猎枪。最后，这个年轻人正是靠着这杆猎枪捕食活着走出了大森林。

这个故事要讲述的道理很简单：人只有拥有适应社会的生存能力和搏击人生的生活技巧，才能更好地在这个世界上生存。

妈妈教育女儿也是同样的道理，如果你只是一味地对女儿百依百顺，那么只会使她变成一个喜爱以自我为中心、心理幼稚、缺乏自控力的女孩。因此，妈妈应多培养女儿的适应能力和独立生存能力。

方法二：要学会严格要求女儿

富养教育时，妈妈一定要学会对女儿严格要求，更要坚持自己的原则。说不允许就不允许，千万不能有“女儿小时候可以放宽一些，长大以后再严格一些”的错误想法。

下面这个妈妈就处理得非常好：

有一天，我带5岁的女儿去朋友家做客。结果吃午饭的时候，女儿不但把米饭撒在饭桌上，而且还把自己吃饭的碗打破了。按照我们家的规矩，撒了东西要受罚，砸坏的东西要自己打工赔，而我们通常采取的措施是让女儿刷碗。所以午饭结束后，女儿走到朋友家的厨房去刷碗，虽然之前我已经告诉朋友我们家对待孩子的教育方式，但朋友还是让女儿去玩儿，并且对我说：“这孩子才5岁，你别因为一点儿过错就让孩子去刷碗，你太严格了！”我笑着说：“我女儿并不是因为怕我才去刷碗，是因为她从心里认识到这是约束自己的纪律，所以才主动去厨房的。”最后，女儿还是站着小凳子刷好了全部的碗，并且从我这里拿到了赔偿朋友家摔碎的那只碗的钱。

一个5岁的孩子能有这样的自控力，不得不说这和她妈妈对她的严格要求有关。所以，富养女儿应从严格要求女儿开始，这样妈妈才不会变得溺爱和娇惯孩子。

2. 富养与钱无关：花钱不一定能买到好的教育

常言道："自古富贵多淑女，从来纨绔少伟男。"这句话通俗来讲就是"富养女，穷养儿"，但是现在很多人并没有理解"富养"和"穷养"的真正含义，以至于很多女孩妈妈认为，所谓的"富养女"，就是给女儿物质和金钱上的满足，让她衣食无忧，过着"公主"般的生活。

一个妈妈深有感触地说道：

我是一位80后母亲，现在在一家事业单位工作，月收入4000多元，但自从去年幸福地当上妈妈之后，我突然感到了前所未有的经济压力。到现在为止，女儿每个月的花费就得6000多元：请保姆，每个月2000元；买进口奶粉，每个月2000多元；再加上品牌衣服、玩具、尿不湿……要不是家里有些存款和老辈的支持，靠我们小两口每个月的工资还真养不起一个孩子！家里就这一个"宝贝疙瘩"，我们都舍不得委屈了她，吃穿用等方面都希望能给孩子最好的！

没错，天底下的妈妈都希望把世间最好的给自己的孩子，但很多妈妈的想法却不一定是正确的。难道非要给孩子喝最好的奶粉、穿昂贵的名牌衣服吗？其实，花钱不一定能买到好的教育。富养女孩最重要的就是如何培养她们良好的性格、习惯和心态等。那么，妈妈应该如何用科学的方法教育好自己的女儿呢？可以参考以下方法：

方法一：在物质和精神的给予上要配比合理

教育专家一致认为，富养还是穷养，关键要看妈妈如何理解这个"富"字。如果仅指物质上的富有，那富裕家庭很容易达到。但无论是富裕家庭还是普通家庭，妈妈都要明白一点：富养的关键并不在于物质，而在于精神上的富足。因此，妈妈在物质和精神的给予上要配比合理。

下面这个妈妈在这方面就做得非常好。

我女儿4岁了，在穷养还是富养的观点上，我一直坚持给予她的物质和精神配比为3：7。物质的给予只要保证安全第一、舒适第二、拒绝奢侈即可。例如，女儿喝的奶粉不一定是最贵的，但要品质有保障；她身上穿的衣服不要求名牌，但一定要保证舒适；我绝对不会给女儿买一些额外的儿童奢侈品。但在精神的给予上，我就表现得非常大方，每逢周末我都会带着女儿出去玩儿。因为女儿还小，我认为长途跋涉的旅游还不太适合，近郊的体验式活动，如农家乐或是一些家庭亲子活动，这些对孩子来说都非常合适，可以培养她的动手能力、交际能力和合作能力，同时又能让她在大自然中体会到快乐。

后来，我发现女儿在艺术方面有过人的天分。等她上学后，我非常愿意为她继续提供艺术学习的空间。虽然精神的富养要求我付出很多的时间、精力和金钱，但是我觉得是值得的。而女儿在我的熏陶下，也没有出现虚荣、攀比的情况，反倒是很享受我为她创造的精神世界。

方法二：富养女孩贵在用心养

有一个妈妈说："我发现一个很奇怪的现象，周围那些越是舍得为孩子大把花钱的妈妈，越舍不得花精力和时间来陪伴孩子。"前几天，一位女性朋友对我说："养孩子有什么难的，坐完月子，把孩子送到妈妈那里，再花点儿钱请个保姆，每年去看她就行了！"现在确实有一些妈妈，她们只是在金钱上满足孩子，以为这样就算尽了自己的责任。其实大错特错，这样的妈妈没有用心养育自己的孩子，也完全曲解了"富养"的含义。

真正的富养，不是用金钱、物质来养育孩子，而是要让孩子在精神上富足。而且，妈妈对女儿的关爱程度是不可以用高消费来衡量的。最重要的是妈妈要成为女儿的好朋友，给予她一个幸福、快乐、温馨的童年，要让孩子真正感受到爸爸妈妈是在用真心爱着她，而不是用钞票爱着她。

所以，如果现在你还用着错误的“富养”女儿的教育方式，那么赶紧停下来！然后运用你作为妈妈的智慧，想一想如何走进孩子的内心，真正建立起和孩子间健康、亲密的亲子关系吧！

3. 抛弃功利心态——教育要着眼于女孩的未来

现代社会竞争日益激烈，一些妈妈为了女孩的将来着想，就替孩子的学习、生活做决定，替她们安排学习内容，甚至出现盲目跟风的现象。例如，有些妈妈根本不管女儿的兴趣爱好或先天条件，就盲目投入大量的精力和财力让孩子参加各种各样的补习班，像舞蹈、钢琴、绘画、外语、书法等。但是相反，女孩并没有朝着妈妈希望的方向发展，反而出现了一大堆的问题。

因此，妈妈不要抱着功利心去教育自己的女儿，而是应该冷静地分析女儿的天赋，用一种平和的心态来看待孩子的学习及未来。具体教育方法包括以下几点。

方法一：从实际出发，让女孩做自己感兴趣的事情

思琪从小就非常喜欢小动物，而且非常热衷于研究小动物的生活习性。等她上学之后，这种兴趣一直没有消减，而且她还常常因为观察小动物而弄得浑身是泥。妈妈对此非常生气，觉得她不务

正业，于是就想方设法阻止她去外面玩儿。妈妈希望她学小提琴，以便将来有一技之长。刚开始，思琪总是趁着妈妈不注意偷偷地跑到附近的公园里做自己喜欢的事。有一次，她把一个黑色的蜘蛛带回家，惹得妈妈大发雷霆。妈妈训斥她不应该把这么脏的东西带回家，说她一点儿女孩的样子都没有。爸爸一脚踩死了蜘蛛，妈妈竟然摔烂了她积累了好几年的装着各种标本的“百宝箱”。那一刻，思琪愣住了，回到自己的房间默默坐了一个下午。

从此之后，思琪的学习成绩一落千丈，变得沉默寡言，一放学就待在家里，不说话也不学习，就连平时最喜欢的电视节目也不爱看了。思琪的妈妈为此非常发愁。

但思琪的生物老师说：“思琪是一个特别聪明的女孩子，如果好好培养，将来可能会成为一个出色的生物学家。”

思琪生物老师的话应该引起妈妈的深思。但事实上，很多妈妈都会像思琪妈妈这样，总是从自己的想法出发，让女儿按照自己的意愿去学习和生活，而不管孩子是不是对此感兴趣。像这样把自己的期待变成孩子的期待，让孩子放弃自己喜欢的事情，只会给她带来伤害。

所以，妈妈一定要从女儿的实际情况出发，让她做自己感兴趣的事情，因为“兴趣是最好的老师”，兴趣更能使孩子的智能得到最大限度、最持久的发挥，也更易燃起女孩学习和探索的热情，并取得成功。

方法二：切忌在攀比、虚荣中迷失富养女儿的方向

有一个妈妈说：“我们家的女儿不比别人家的差，所以别人有什么，她一定要有什么，而且要比别人的都好！”妈妈的这种攀比心理，只会给女孩带来更多的痛苦和不利影响。著名钢琴演奏家托萨说过：“如果有一个满怀功利心的妈妈站在身后，即使孩子是有

你说什么胡话！我和你爸爸还指望你能上个好大学，给我们争光呢！
妈妈，我决定不去考大学了！
能告诉我原因吗？如果这是你真正深思熟虑后的想法，妈妈会支持你的。
妈妈，我决定不去考大学了！

天赋的神童，也难成大师。因为妈妈把音乐艺术作为追求成功的手段，功利心会污染孩子纯洁的心灵，中断孩子对艺术的攀登。”

由此可见，如果妈妈一味地攀比或带着虚荣心、功利心教养女儿，那到最后女儿也很可能会变得虚荣、功利起来，对其今后的发展极为不利。

4. 富养女孩的精神——为女儿补充精神食粮

有人说过：“只要你具备了精神气质的美，只要你有这样的自信，你就会拥有风度和自然之美。”的确，一个拥有丰富精神食粮的女孩，她的人生才不会枯燥乏味，更不会依赖他人而生存，因为她有足够的独立能力，懂得如何面对生活中的各种困难和考验。

如何丰富女孩的精神食粮呢？真正的富养教育是最佳的解决之道。因为真正的富养是妈妈对女儿的精神富养，着重培养女儿丰富的内心、独立的人格、高雅的审美情趣和完美的品德。

下面这个妈妈的教育经验就值得其他妈妈借鉴：

小许是我的独生女，我们家庭条件很好，但这并没有养成她刁蛮任性的作风和挥霍的坏习惯。相反，在我们的教育下，她变得独立自主、知书达理、性格和善，而且眼界开阔、人缘好。

孩子还没出生的时候，我就查阅了很多教育书籍，并从里面总结出很多育儿经验，最重要的一条就是：教育女儿最重要的不是物质而是精神。所以，在小许3岁时，我就引导她读绘本、画画等。等到小许上学，我就会经常带她去图书馆、展览馆、美术馆，让女儿开阔眼界。小许特别喜欢画画，我就专门在这方面培养她，而且平时只要有画展，我都会带着她一起去。

或许就是因为这样，女儿对新鲜事物一直保有强烈的好奇心和探索欲。我相信这些熏陶会让女儿的精神世界更加富足。

一个精神贫乏、人格上有依赖性的女孩，是很难有快乐、安定、美好的人生的。而如果妈妈能够像上述事例中的那个妈妈一样富养女儿，那么你的女儿一定会更有信心去创造属于她的美好人生。这里，给女孩妈妈提供一些具体的教养方法：

方法一：富养女儿的精神世界

书籍、音乐、绘画等都是孩子精神世界的最佳“养料”，所以我们要富养女儿的精神世界，就要从这些方面入手。不过，妈妈要注意一点——你不能强迫孩子去阅读、跳舞、画画，必须尊重她的喜好，并用科学的方式去培育她的兴趣。

下面这个妈妈就做得非常好。

我和老公都非常疼爱女儿。从孩子还在我肚子里的时候，我们就为她制订了将来的计划，我们希望女儿能成长为一个学识渊博、知书达理、多才多艺的智慧女孩。所以，女儿出生后，我和老公就着手我们的教育计划。例如，我们总会在家里为女儿播放古典音乐和世界名曲，陶冶她的情操。每晚我和老公都会轮流给女儿讲故事。等到她上小学之后，还给她买了很多故事书。每个月我都会给女儿一笔购书费，让她购买自己喜欢的书籍。

通过对女儿的日常观察，我发现她对钢琴很感兴趣，所以就给她报了班，让她的特长得以发挥。为了训练女儿的形体，我就鼓励她去学习舞蹈，平时也会给她讲一些艺术家的人生经历，并带女儿去看演出。

现在，女儿虽然只有15岁，但是她各方面都表现得非常优秀，而且她能很好地处理自己的事情，做事也很有分寸。

富养女儿的精神世界，不能单靠一种方法或途径，除了要给予女儿知识、艺术等“精神养料”，妈妈还要和女儿多沟通、交流，用成人的阅历、价值观等去丰富女儿的内心世界，让她更加成熟、理性、独立地打造自己的幸福生活。

方法二：尊重并鼓励女儿保持独立见解

慧慧是一个喜爱跳舞的小女孩，她的家境并不好，但当妈妈发现她的舞蹈天赋时，还是毅然决定送女儿去正规的舞蹈学校上学。但是慧慧刚学了三次就再也不肯去上学了。妈妈不解地问：“慧慧，你不是很喜欢跳舞吗？为什么不去呢？”慧慧沮丧地说：“妈妈，芭蕾舞要立着脚尖跳舞，我觉得一点儿也不美，这不是我心目中想要的舞蹈。”

妈妈听了女儿的话，沉思了很久，但她决定尊重女儿的意愿。在妈妈的支持下，慧慧开始勇敢地追求自己心目中的舞蹈艺术，她用更加自由、飘逸的现代舞舞姿展现舞蹈的魅力。经过多年的刻苦努力，慧慧最终成长为一位出色的舞蹈家。

慧慧的成功和她妈妈当初对她的支持和鼓励是分不开的，正是妈妈的尊重和鼓励，让她保持了自己的独立见解和选择，成为一位出色的舞蹈家。假如当初妈妈硬逼她学习芭蕾，那么她很有可能既感受不到精神的愉悦和舞蹈的魅力，也不会取得成功。

5. 开阔女孩的眼界——引领女儿认识精彩的世界

俗话说：“眼界决定境界。”我们不可能永远把女儿“圈”在身边，她也需要去见识更广阔的世界，而且孩子的好奇心也会不断激励她去接触更广阔的世界。真正的富养，必定能够带给女孩更开阔的眼界和思路，引领她进入一个更加丰富多彩、充满机遇和挑战的世界。

她是来自得克萨斯的追梦女孩，她的父亲是一位著名的法学教授，妈妈是一位出色的艺术家。她从一名普通的推销员成了全球第一女总裁，她更是解决难题的女能手。美国《商业周刊》曾这样形容她："她有如簧之舌，亦富钢铁意志。"她就是卡莉·菲奥莉娜，一个在事业和家庭上都很成功的女性。

卡莉童年时期跟随父母游历过不少的国家，因为她的父亲时常要到各地巡回讲课或工作，所以卡莉不得不整理行囊和双亲一起一次又一次地搬家。中学时期，卡莉就换了5所不同的学校，而且分别是在美国、英国和加纳。早年在这些国家的经历让她很早就见识了各个国家的不同。平时，卡莉就很依赖当画家的妈妈，而妈妈也为小卡莉打开了通往艺术世界的大门。正是这种丰富的经历和艺术的熏陶让卡莉的眼界更加开阔，并帮助她最终成长为一位有主见、有魄力、积极向上的成功女性。

卡莉的成功可以说很大程度上来自父母对她的"富养教育"，这也说明唯有富养，才能更加开阔女孩的眼界，为她日后的成功打下基础。那么，妈妈怎样才能通过富养让女儿变得眼界广阔、思路新颖呢？

方法一：培养女孩对大自然的观察力

任眉是一个非常聪明的女孩，小时候大家都叫她"小神童"，因为她7岁就会写诗，9岁就在报刊上发表了作品，后来她不但考上重点大学，还多次获得文学奖。

任眉小时候身体不太好，性格也比较内向，每次生病住院、输液，她都默默地躺在病床上不说话，这也使她形成了善于用眼睛观察、用耳朵倾听的习惯。任眉的妈妈是一家出版社的编辑，她通过仔细观察，发现女儿很喜欢写作，于是她开始慢慢引导女儿学会观察和思考，并让女儿开始写日记。

任眉的妈妈认为，大自然是孩子最好的老师，也是开阔孩子眼界，激发她学习兴趣的最佳场所。所以，她总是有意识地培养女儿观察大自然，同时鼓励女儿提出问题、思考问题，最后通过正确的途径解决问题。

再加上任眉的求知欲和好奇心本来就非常强，所以任眉妈妈很好地利用了孩子这一天性，经常带女儿到大自然中去，让她尽情地玩耍并观察万物的变化。例如，去看春天复苏的植物、夏天盛开的百花、秋天丰硕的果实、冬天飘飞的白雪。任眉妈妈还时常鼓励女儿竖起自己的小耳朵去倾听大自然中的蝉语鸟鸣。所有的这一切对于小任眉来说都是异常有趣的，她在其中快乐地思考着大自然的秘密。

正是由于任眉妈妈经常带女儿走进大自然去认真地观察和思考，才不断地开阔了任眉的眼界，进而充实了她的知识和生活。这对女孩后来的成功发挥了很大的作用。

方法二：引导女孩对科技知识的兴趣

有些妈妈认为，那些航空、核能、化学等领域的知识似乎不太适合女孩，所以对于女孩科技知识的培养不太注重。事实果真是这样吗？那就先听听孩子们的问题吧。

“妈妈，为什么天上有太阳呢？”

“为什么雨是从乌云里落下来的呢？”

“为什么飞机能在天上飞呢？”

……

是不是这些“为什么”也时常从你女儿的口中蹦出来？这是因

为科学和生活紧密相连，而且它具有一种很神奇的魅力，会自然而然地吸引孩子们的注意力并激发她们的探索欲。所以，开阔女孩的眼界，就要引导她们对科技知识产生兴趣，进而在探索和解答的过程中学习到更多有益的知识。

方法三：培养女孩的国际化视野

有一个妈妈这样谈到自己的育女经验：

从女儿两三岁起，我就开始让她学习英语。因为生活在竞争激烈的现代社会，我很清楚英语对于一个人的重要性。但是我并没有一味地按照自己的喜好去教育女儿，我是慢慢引导她爱上英语的。例如，在家里贴上好看的英语标志的贴画，给她买一些外国的儿童原版影片和歌曲碟，利用电视、网络等传媒渠道让女儿了解一些国际新闻和国际形势，而且我还在客厅挂上了一张世界地图，一有时间我们就讨论地图上哪个国家面积比较大、气候如何、风土人情如何等。虽然我们家的经济状况一般，但是每年我还是会带女儿出国旅行一次，让女儿见识了很多国家的风土人情，增长了各种知识和见闻。

现在，女儿已经高中毕业了，并成功地被国外的一所著名大学录取。

很多教育专家都认为："只有让下一代学会理解拥有不同的政治制度、文化背景和宗教信仰的民族，才能与他们和平共处，从而拥有更大的生存空间。"没错，国际的交流日益频繁，妈妈必须高瞻远瞩，不断开阔女孩的眼界，让她们对未来的发展有更深远的认识，并做好适应的准备。

第四章

好关系胜过好教育，与女孩沟通很重要

1. 沟通从信任开始——打开女儿的心门

被女儿信任是我们打开女儿心扉的钥匙，因为只有获得她们的充分信任，她们才会把妈妈当成她们学习上的蒙师、德行上的榜样、生活上的参谋以及情感上的挚友。只有这样，她们有什么心事才愿意和妈妈诉说，有什么秘密也愿意和妈妈分享。但是，很多妈妈都无法得到女儿的信任。有时候，孩子有了心事宁可向朋友或者网上的陌生人倾诉也不愿意向妈妈诉说。

作为女儿最亲近的人，我们为什么不能得到她们的信任呢？这是因为信任是相互的，我们常常不信任她们，自然也没有办法得到她们的信任。

蓉蓉上初二。她的妈妈怕她早恋，每次有男生给她打电话，都要查问老半天，有时候还会翻看她的日记、书桌。到后来，蓉蓉为了不让妈妈像侦探一样监督自己，就给自己的书桌、日记都上了锁，并且有了心事也不愿意和妈妈说。

从上面的事例我们可以看出，正是妈妈对女儿的怀疑，让女儿不再信任自己的妈妈。所以，我们要想获得女儿的信任，首先就要信任她们。把信任放在第一位，用信任打开女儿的心门，这是每个妈妈必须学会的事情。

要想赢得女儿的充分信任，这并不是一件容易的事。那么，妈妈应该从哪些方面做起呢？

方法一：信任女儿

在很多时候，妈妈都表现出对自己女儿的不信任，我们也常常听到一些女孩的抱怨：

“妈妈根本不信任我，每次她外出留我在家写作业，都要打好几次电话，问我是不是在看电视。”

“每次我去找同学写作业，妈妈都不同意，她认为我是和同学一起去玩儿了。”

“妈妈会偷看我的日记，现在我已经把日记上了锁。”

一般来讲，很多妈妈对女儿的不信任，主要源于以下两点：第一，出于对女儿的关爱，怕她们无法独自应付一些事情；第二，怕给她们自由太多，她们无法把握，光顾贪玩儿而影响了学习。其实这些担心是没有必要的。首先，妈妈的不信任会让女儿反感，让她们觉得自己没有得到尊重。其次，这样做无法培养女孩的独立能力，因为一直在妈妈监督下长大的孩子，将来的独立性肯定会差。所以，妈妈应该信任自己的女儿并给予她一定的自由，因为这样做不仅是获得她信任的前提条件，同时也是培养她独立能力的有效途径。当然，信任女儿也不是对女儿不闻不问，我们可以通过很多方法去影响她，而不一定非要采用监督的方式。

方法二：和女儿平等相处

女孩是非常希望和妈妈平等相处的，如果妈妈总是以一种高姿态对待她，那她就很难完全信任妈妈，也不会和妈妈成为无话不谈的朋友。所以，我们要想获得女儿的信任，就必须信任她，并且把她当成自己的朋友一样对待。

2. 让关系更和谐——掌握与女儿交流的技巧

外面下了大雪，妈妈对华华说："你上学时多穿件衣服，今天天气太冷了。"华华摇着头说："不，我不喜欢穿羽绒服，那样太笨重了。"妈妈听到女儿顶嘴，有些不高兴地说："你这孩子怎么这么不听话，听我的，把羽绒服穿上！"华华也有些生气了："不穿！就不穿！"背上书包撒腿就跑了。

像华华的妈妈一样，很多妈妈提到和女儿沟通，都会皱起眉头。

"我家那小丫头太刁蛮了，我说轻了她不听；说重了又会哭哭啼啼闹个不停。"

"沟通对我女儿来说起不了什么作用，她常常是左耳朵进、右耳朵出。"

"昨天我女儿又和我吵架了，我让她饭后再吃薯片，她竟然张口就对我说：'妈妈，你真烦人。'当时把我气得够呛。"

"人们都说青春期的女孩难管，我算是真的领教了。现在我都有些不想管我的女儿了，因为她不仅不听我的话，还会和我对着干。"

……

和女孩沟通，如果不讲究技巧和方法，不仅无法达到沟通的目的，很可能还会伤害女孩。所以，妈妈一定要掌握和女孩沟通的方法和技巧。

在和女孩谈话的时候，要根据不同的情况选择不同的方式，这样就能达到比较好的沟通效果了。

方法一：多提开放式问题，引导女儿和自己交谈

很多妈妈抱怨女儿不愿意和自己交流，其实很可能是因为我们没有用对谈话的方式。我们来看这样一个例子。

头天晚上，女儿告诉妈妈："妈妈，我们学校明天要举行运动会。"第二天，女儿从学校回来，妈妈问女儿："宝贝女儿，今天举行运动会了吗？"女儿说："举行了。"说完，放下书包就回自己的房间了。

其实，这个妈妈正是没有用对沟通方式，以至于让自己和女儿的沟通一下子冷了场，如果她能用下面的方式和女儿展开对话，沟通就会进行得非常顺利。

女儿告诉妈妈学校要举行运动会。第二天女儿放学，妈妈放下手头的工作问女儿："今天举行的运动会精彩吗？"女儿兴高采烈地说："太精彩了。妈妈你知道吗，我们班还得了全校第二名呢。"妈妈接着说："看来你很高兴啊。下一届运动会你有没有兴趣参加呢？" 女儿说："当然想了，现在我就练习跳远呢。"

在和女儿谈话时，妈妈应该多提一些开放性的问题，既可以引起女儿谈话的欲望，还可以锻炼女儿的思维能力。此外，在和女儿谈话时，妈妈应该全神贯注地倾听，不要心不在焉地应付她，因为这样会让她觉得自己没有受到尊重，从而影响了谈话的兴致。另外，我们还可以用"哦""嗯""原来是这样""太好了""看来你很高兴（伤心）"等简单的词句来回应女儿的感受，从而增加女儿谈话的兴趣。

方法二：用提问代替指责和说教

为了让女儿做某件事，很多妈妈常常会无休无止地唠叨女儿，如果女儿仍然不听话，便会指责和打骂女儿。其实这样做的效果并

不好，一方面很难让女儿听话，另一方面即使女儿被迫接受了妈妈的建议，也是口服心不服，会伤害母女关系。在这种情况下，妈妈可以用提问的方式代替指责和说教。

妈妈带女儿姗姗去看望姥姥，女儿玩儿得高兴，时间很晚了仍不想回去。

妈妈说："这么晚了你还不想回家，你说下次妈妈还愿意带你来看姥姥吗？"

女儿说："不愿意。"

妈妈说："那你说怎么办？"

女儿说："和妈妈一起回家。"

从上面的例子可以看出，妈妈用提问的方式让女儿的思维跟着自己的问题走，并最终让女儿听从了自己的建议，我们不得不佩服这个妈妈的沟通技巧。相反，如果这个妈妈一味地采取指责的方式，很可能不会取得这么好的效果。当然，如果女儿拒绝回答自己的问题，妈妈可以再问一遍，或者对女儿说："你还没有回答我的提问呢，请你赶快回答。"

方法三：多向女儿传达积极的信息

场景一：

女儿把房间弄得乱糟糟的，妈妈生气地对女儿说："你这孩子太淘气了，快把房间收拾一下！"女儿很不情愿地收拾起房间来。

场景二：

女儿把房间弄得乱糟糟的，妈妈对女儿说："宝贝女儿，你说咱们的房间要是收拾得整整齐齐会不会很漂亮啊！"女儿想了想说："妈妈，我马上把房间收拾一下。"

小女孩是很敏感的，她非常善于捕捉那些微妙性、细节性的信息。所以，妈妈多向她传达一些积极的信息，有助于她采纳妈妈的建议。

3. 会说更要会听——用心倾听女儿的心里话

曾有一部加拿大影片，讲述的是一对实际生活中沟通有障碍的母女，在一次偶然的机会下，妈妈变成了和女儿一样大的13岁少女，以自己的新身份重新融入了女儿的生活及内心世界，并利用13岁少女的视角去重新审视和了解自己女儿的生活、学习、交际圈等。最后当她重新变为妈妈的时候，母女俩终于和好如初，成了知心好友。现实中，我们虽然不能像影片中的妈妈那样真的变成和女儿年龄一样大的少女，但是我们可以通过倾听女儿的心声，走进女儿的内心世界，和女儿成为朋友。

假如妈妈成了女孩最知心的朋友，那么一旦女孩在生活中遇到什么问题，妈妈就可以及时帮助她，让她顺利渡过一个又一个成长难关。那么，有哪些好方法可以让妈妈走进女孩的内心，成为她的知己呢？

方法一：运用倾听技巧，鼓励女儿说出心声

有一个小女孩这样抱怨道：

我真的不太喜欢和我妈妈谈话，她一点儿都不尊重我。每次我想要和她进行沟通时，她总是一边听我说话一边做别的事情，眼睛从来不看我，很多时候我真的不确定她有没有在听我讲话。

像这个小女孩说的现象在现实中的确常常发生，而妈妈这种不认真倾听女儿谈话的行为直接伤害了孩子的自尊心，进而让她们放弃与妈妈谈心。那么，妈妈应该如何倾听女儿呢?

妈妈倾听首先姿态要正确，最好做到以下三点。

1. 停下来。暂时放下正在做的事情，注视女儿，给她表达的时间和空间。

2. 注意看。仔细观察女儿的表情、动作、语气等。

3. 用心听。集中注意力专心听女儿讲什么。

除此之外，妈妈还应表现出听的兴趣，并且在倾听的过程中恰当地发表自己的意见，多引导孩子说出自己的想法。

方法二：在女儿失败时与她谈心

妈妈要想成为女儿的朋友，除了在日常生活中多观察、多倾听、多引导和多亲近女儿之外，在她伤心、失望和遭遇失败时和她真诚地交流、谈心，则是走进女儿内心、成为她知心好友的最佳时机。

这是因为遭遇失败的女孩，会显得异常的脆弱，如果这时妈妈愿意走近她、安慰她、鼓励和支持她，那么她和妈妈的亲密关系就会有实质性的飞跃。

有一个妈妈的育女经验是这样的。

前一段时间，女儿参加舞蹈大赛出了丑，由于太紧张忘了动作，而不得不提出退出比赛。遭遇失败的女儿很沮丧，一连好几天，她都不能从失败的阴影中走出来。我觉得应该帮女儿一把，于是便找了个好机会，与女儿谈心。一开始，我假装很随意地问起那件事情："女儿，你还在为舞蹈大赛的事情难过吗？"

"是的，妈妈，我觉得很丢脸！我在学校里都不敢抬起头走路。"女儿沮丧地说。

"可是，女儿，你不觉得你有勇气参加这次大赛就已经很成功了吗？而且最初你的表现棒极了！人们都会出现失误的，世界上最伟大的舞蹈家也忘记过动作，妈妈相信你通过继续努力，一定会成功的。”我继续开导女儿。

“真的吗？可是现在大家都笑话我。”女儿委屈地说。

我轻轻拍着她的肩膀说：“女儿，那些笑话你的同学他们的做法是不对的，你不必放在心上。你要相信自己，你要更努力地去证明自己。”听了我的话，女儿突然释怀了，终于从那次失败的阴影中走了出来。

4. 夸出一个好孩子——多给女儿一些赞美和激励

有一次，美国著名心理学家罗森塔尔到某所普通中学考察，一位老师问他：“先生，您能帮我挑出班里那些智力超常的学生吗？”罗森塔尔非常痛快地就答应下来，然后在学生中间指点起来：“你、你，还有你……”那些被点到的学生从此受到老师的关怀以及同学的羡慕，逐渐树立起了自信心，学习成绩逐步提高，成了班里的佼佼者。

一年后，罗森塔尔再次造访这所学校，问那位老师：“那几个孩子的情况怎么样？”老师说：“实在是好极了。”接着这个老师又有些疑惑地问心理学家：“先生，我感到非常吃惊。在您来之前，那几个孩子只是普通的学生，可经您一点，他们一个个都变了。请问您有什么诀窍判断得如此准确呢？”罗森塔尔微笑着说：“我没有任何诀窍，只是随便点点而已。”

这就是一直被大家称道的“罗森塔尔效应”，它告诉我们一个深刻的道理：对一个孩子进行肯定的评价，能够帮他树立起自信心和自豪感，从而让他更快地取得进步。

肯定、鼓励孩子比否定孩子所产生的力量更大，也更能够促进孩子取得进步。所以，妈妈一定要多多肯定和鼓励女儿。

方法一：不要总是拿女儿和别的孩子进行比较

某家报刊做过一次调查，问孩子们“最不满意妈妈的做法是什么”。孩子们给出的答案里被提及最多的一项便是“老拿我和别的孩子进行比较”。在现实生活中，很多妈妈出于攀比的心态，总是拿自己的孩子和别人的孩子进行对比，如果自己的孩子占据优势，则心中欢喜；如果自己的孩子被对方比了下去，则闷闷不乐，回家骂孩子不争气。这种做法很不好，不但会给孩子造成很大的压力，还会伤害孩子的自尊心。所以，妈妈不要总是拿女儿和别的孩子进行比较。

方法二：鼓励女儿的闪光点

欣月的妈妈是某报社的主编，她希望自己的女儿能够成为一个“小小文学家”。有一次，欣月写了一篇日记让妈妈看，妈妈看完后对女儿说：“真是太棒了，妈妈在你这个年纪可没有你写得好。”女儿受到鼓励后很高兴，更爱读书、写作文了。在以后的日子里，妈妈常常对女儿提出鼓励，并且给她一些很好的建议。在欣月14 岁的时候，她就出版了自己的第一部小说。

一位教育家说过：“你要想让孩子在哪方面做得好，就在哪方面常常鼓励他。”这句话非常有道理，妈妈的肯定和鼓励会变成女儿前进道路上的动力，从而让她的优点逐渐放大。

方法三：在女儿遇到挫折的时候给女儿鼓励和支持

小洁是班里的学习委员，学习成绩向来数一数二，但是最近一

你又这么大声嚷什么，读完一本书有这么开心吗？
是不是把这本书读完了？你理解能力真不错，不过可要继续努力哟！

次考试却考得非常糟糕。小洁难过极了，她从来没有受过这样的打击，好多天都没有从这次考试的失败中走出来。

有一天，妈妈看到女儿愁眉不展地坐在书桌前，拍了拍她的肩膀说："女儿，还在为那次考试难过吗？"

"是啊，我是班里的学习委员，却考了全班的倒数几名，真是太丢人了。"

"你不要那样想，每个人都有失败的时候，只要能好好总结失败的经验，你就是一个成功的人，"妈妈抚摸着女儿的头说，"妈妈相信你下次一定能够取得好成绩。"

"妈妈，我一定努力学习，把第一名的宝座抢回来。"女儿终于舒展了眉头，充满自信地对妈妈说。

在女孩遇到挫折的时候，最需要鼓励和帮助。在这种情况下，如果妈妈再对她提出批评，会严重打击她的自信心，从而使其越来越不相信自己。所以，当女儿遇到挫折时，妈妈应该给予她鼓励和支持，帮助她尽快从失败的阴影中走出来。

5. 批评是门技术活儿——妈妈如何说，女儿才肯听

和小男孩相比，小女孩相对乖巧、听话，也较少惹妈妈生气。但是当女儿犯错的时候，妈妈却普遍遇到一个教育的难题：批评轻了，女儿根本听不进去；批评重了，又怕伤害女儿的自尊心。很多妈妈都没有掌握好批评女孩的方法和技巧，结果不仅没有起到很好的教育效果，还让批评"变了味"。

7岁的小敏常常是一边写作业一边看电视。每次遇到这种情

况，妈妈都会说："先写作业，等写完作业再看电视。"小敏嘴上虽然答应，但是依旧我行我素，完全把妈妈的话当作耳旁风。

有一次，妈妈生气了，把电视关掉后狠狠地批评女儿："你这孩子怎么回事，我都说好多次了，你怎么就是不听……"妈妈的话还没有说完，小敏咧开嘴就哭了，一边哭一边伤心地抹眼泪。

这下妈妈慌了神，赶紧把电视打开："你看吧，妈妈不管你了。"小敏不说话，仍是哭个不停。妈妈掏出10元钱，塞到小敏手里："乖女儿不要哭，到小卖部买个你最喜欢吃的冰激凌好不好？"这下小敏才止住了哭声。

从那以后，小敏仍是一边写作业一边看电视，而妈妈再也不敢管她了。

这个故事中的妈妈批评女儿的方式是错误的，她不仅没有让女儿改正错误，甚至让女儿产生了一种误解：一边看电视一边写作业不仅是正确的，而且还会得到妈妈的奖励。

批评孩子是一门学问，如果运用不当，不仅达不到教育的效果，甚至会产生相反的作用。批评是一把"双刃剑"，用得好了，能够起到积极作用；用得不好，反而会起到消极作用。妈妈在批评女儿的时候，一定要选对方式，并尽量少批评女儿，七分鼓励、三分批评，是有一定道理的，可以适当借鉴。

方法一：赏罚一定要分明

妈妈批评女儿，是为了让她改正错误，明白一定的道理。但是在很多时候，女儿一哭鼻子，妈妈就不忍心批评她了，还会用买食物、买玩具等方法哄她。其实这样做是非常错误的，它容易让女儿产生一种误解：自己做的是正确的，否则妈妈怎么会奖励自己呢？结果那些错误不仅得不到改正，还会被继续强化。如何避免这种弊端呢？这就需要妈妈一定要做到赏罚分明，某种规矩一旦制定，就一定要严格地执行下去，该赏的时候一定要赏，该罚的时候一定要罚，否则以后的规矩也会被女儿打破，从而无法对女儿产生约束力。

方法二：给批评加一件表扬的外衣

6岁的晓兰非常喜欢吃零食，她常常在吃饭前吃一大堆薯片、巧克力豆、栗子羹等，结果在吃饭的时候就吃不进饭了。有一次，妈妈对她说："我家晓兰最近表现越来越出色了，如果在吃饭前不再吃零食，那就更好了。"结果晓兰吃零食的次数真的少多了。

晓兰妈妈的这种做法无疑是很明智的。我们可以尝试晓兰妈妈的这种做法，在批评女儿的过程中，可以先表扬她们的优点，再委婉地指出她们的缺点。这样做，既不会让女儿产生逆反心理，还会让她们在心情愉悦的情况下接受批评，然后认真地去改正。

方法三：批评女儿时要给她们留面子

涵薇上二年级，和小姨特别亲近。有一次，小姨来家里做客，妈妈在厨房里做饭，涵薇就和小姨在卧室里聊天。妈妈想到卧室拿东西，她听见涵薇对小姨说："小姨，现在我的学习成绩可好了，上次语文考试我还考了100分呢。"妈妈意识到涵薇在说谎，因为上次语文考试她只得了70分，根本不是100分。妈妈没有进屋揭穿女儿的谎言，而是在小姨走后，给女儿写了一张纸条："希望薇薇能够做一个诚实的小姑娘，因为小姨不喜欢说谎的孩子。"

涵薇看到这张纸条后非常惭愧，每次看到妈妈都欲言又止的样子。妈妈看得出来，涵薇是怕自己把她说谎的事告诉大家，尤其怕小姨也知道这件事。过了些日子，涵薇看到妈妈没有和任何人说起这件事，心中对妈妈充满了感激，并且改掉了说谎的毛病。

女孩的自尊心非常强，所以在批评她们的时候一定要给她们留面子。尤其在人多的情况下，妈妈最好不要批评她，因为这样会深深伤害她的自尊心。如果女儿犯的错误不太严重，妈妈不用全部说出来，只要稍稍给她提示就可以。这样做，既可以保护女孩的自尊心，还会让她对妈妈充满感激，从而努力地去改正自己的错误和不足。

6. 拒绝该拒绝的——对女儿说“不”的学问

生活中，妈妈不要事事顺着女儿，对她的某些无理要求一定要拒绝。适当约束女孩，对她的健康成长是有益的。当然，拒绝孩子也是有学问的，在不伤害女孩自尊心的基础上，让她知道自己被拒绝的原因。这样不但能提升妈妈在女儿心目中的威信，同时也会使她懂得更多生活和做人的道理。

下面一些方法供妈妈参考。

方法一：对无理取闹的女孩说“不”

很多时候小女孩会利用撒娇、任性等手段来达到自己的某种要求，例如，不想上学、赖床、想要最新款的玩具……这些要求有些是妈妈能够满足的，但有些就显得是无理取闹了。如果遇到小女孩提出无理要求时，妈妈切忌百依百顺，一定要坚定地表达自己的拒绝态度。

一个不曾经受失望和痛苦的女孩，她的抗挫能力是很低的，而且如果妈妈对女孩的一些不良行为不能及时加以制止，那很有可能会让孩子养成各种不良习惯。因此，作为妈妈，有时一定要对无理取闹的女孩说“不”。

方法二：真诚地告诉女孩拒绝的理由

很多时候，妈妈习惯用谎言来作为拒绝女孩的理由。例如，当女儿站在儿童服装店门口，非常渴望地看着那件粉色的裙子，妈妈就会说："怎么办，今天没带这么多钱，我们改天再来吧。"结果改天再也没来，或者来了也假装忘记了这件事情。

最离谱的是还有很多妈妈为了拒绝孩子的要求，编造很多谎言吓唬孩子，这对孩子的身心健康是无益的。

其实，妈妈拒绝女孩的要求，完全没必要利用谎言、吓唬等手段，你只需要真诚地告诉她你拒绝她的理由。例如，她已经有了一件粉色的裙子，这件不值得去买。以此帮助女孩树立正确的消费观，让她逐渐养成理智消费的习惯。

方法三：妈妈制定的规矩不能轻易打破

很多家庭为了更好地规范孩子的日常行为和习惯，就给她制定了一定的规矩。例如，每天晚上按时睡觉、看电视时间不能超过1小时……这些家庭制定的规矩，不但要求孩子严格遵守，妈妈也要严格执行，不能孩子一哭一闹，就立马心软了，然后放弃原则，答应女孩的要求。因此，妈妈一定要做好女孩的监督者，不要轻易打破为孩子制定的规矩。

7. 沟通不仅靠语言——学会进行非语言沟通

美国心理学家艾伯特·梅瑞宾提出过一个沟通公式：沟通的总效果＝ 7% 的语言＋ 38% 的声音＋ 55% 的表情。在这里，声音和表情都是非语言沟通的方式。由此可以看出，非语言信息在沟通过程中起着非常大的作用。

对于敏感而且感性的小女孩来说，她们非常喜欢这种非语言沟通的方式。她们喜欢爸爸妈妈拥抱自己，喜欢爸爸妈妈拉着自己的小手一起去散步，喜欢在睡觉前得到爸爸妈妈的吻……

在教育女孩的过程中，如果妈妈能够巧妙地运用非语言沟通方式，往往能够收到意想不到的效果。

非语言沟通是一种很好的沟通方式，但是妈妈和女儿之间要讲究默契，这样才能增进双方的感情。如果妈妈以前很少用这样的方式和女儿沟通，在开始的时候女儿可能无法领会妈妈的用意。不过，妈妈不要灰心，慢慢地，你就会和女儿形成默契了，感情也会变得更好。

方法一：增加和女儿的身体接触

英国著名教育家斯宾塞在他的名著《斯宾塞的快乐教育》中说过："如果对自己的孩子多一些拥抱、抚摸，有时甚至是亲昵地拍打几下，孩子在对外交往以及智力、情感上都会更健康。我认为，拥抱、抚摸、牵手也是教育的一部分。"斯宾塞的话非常有道理，尤其适用于小女孩。如果妈妈在日常生活中常常和女儿拥抱、抚摸、牵手，可以给她带来安全感，也可以让她感受到浓浓的爱意，从而拉近她和妈妈之间的距离。所以，妈妈应该增加和女儿的身体接触，把自己的爱意传达给她。

方法二：时常给女儿留一张充满爱意的便条

小茜的妈妈平时忙于工作，很少有时间和女儿待在一起。但是尽管如此，两个人的关系仍然非常亲密，因为妈妈经常用写便条的方式和女儿交流。每天早上，妈妈会把小茜的中午饭做好（妈妈中午不回家），然后给女儿写下便条："今天的午饭是西红柿炒鸡蛋，放在冰箱了，用电锅热一热再吃。”有什么事情要交代，妈妈也会给女儿留下便条：“明天你有体育课，记得穿上运动鞋。”甚至发现女儿犯了什么错误，妈妈也会给她写便条：“妈妈希望你做个细心的小姑娘，不要老是丢东西。”每次看到妈妈的便条，小茜都会有一种幸福感，因为她感受到了妈妈对自己的爱。

用便条和女儿进行交流，也是一种不错的沟通方式，因为这是心与心的交流，远非语言所能表达。因为女孩对文字十分敏感，所以非常喜欢这种方式。所以，妈妈可以经常用这种沟通方式，让女儿感受到妈妈深深的爱意。

方法三：用默默的行动来感染孩子

美兰15岁，上初中三年级。由于马上就要参加中考，美兰的学习任务非常重，常常写作业到九十点钟。每次美兰学习到深夜，妈妈都会给她热一杯牛奶，并把台灯调亮一些。第二年，美兰以全班第四名的好成绩考入一所重点高中。每当回忆起这段中考经历，美兰都会感动地说：“是妈妈默默无闻的爱给了我学习的动力，要是没有妈妈的支持和鼓励，我一个中等生根本不能考出这样的好成绩。”

大爱无言，越是那种默默无闻的爱，越能打动女孩的心，让她深深感动。所以，在女儿需要帮助的时候，妈妈要永远站在她身边，用默默无闻的行动来鼓励她、感染她。

第五章

好相貌不如好气质，打造女孩的优雅气质

1. “请”字不离口——气质女孩懂得文明礼让

讲文明、懂礼貌是为人处世的起点。中国大教育家孔子说过：“不学礼，无以立。”英国著名教育家斯宾塞也说过：“礼仪修养是一个人全部品德的基础。”由此可见，无论是在东方还是在西方，大家都把文明礼貌看得非常重要。

一个人是否懂礼貌，不仅代表着他本人的素质，也体现着他从小受到的家庭教育。在生活中，那些讲文明、懂礼貌的人往往容易受到大家的欢迎和尊敬，也容易建立较好的人际关系；而那些不讲文明礼貌的人，则不会有较好的人缘，有时甚至会被大家讨厌。

场景一：

过完新年，9岁的静香和8岁的表妹玉珍去给姥姥拜年。姥姥早给两个外孙女准备好了礼物，一个毛毛熊玩具和一块电子手表。谁知两个女孩不仅没有向姥姥道谢，还因为争抢电子手表打闹起来。姥姥无可奈何地说：“你们这么大了，怎么不知道谦让啊。”

场景二：

公交车到站，一位老爷爷和6岁的孙女上了车。这位老爷爷年纪已经很大了，还为孙女背着沉重的书包。一个小伙子见了，赶紧站起来让座。谁知小伙子刚站起来，那个小孙女就坐到座位上。小伙子不满地说：“我是把座位让给你爷爷的。”那个女孩说：“你把座位让给爷爷，爷爷一定会把座位让给我的。”小女孩的爷爷也附和着说：“让她坐吧，我不坐了。”小伙子非常不满意，小声说：“这小女孩真不懂礼貌。”

对于女孩来说，讲文明、懂礼貌显得更为重要。所以，我们要让女儿从小养成讲文明、懂礼貌的好习惯，让她成为一个受欢迎的人。

方法一：妈妈自身要懂礼仪

妈妈是孩子的第一任老师，也是孩子学习的榜样。身教大于言教，榜样的力量是无穷的。如果妈妈平时不注重自己的礼仪修养，在公共场合大吵大闹，在街上随地吐痰，抑或张口就吐脏字，这些都会“传染”给自己的孩子。所以，妈妈在平时一定要注意自己的礼仪修养，给孩子树立一个好榜样。此外，值得一提的是，妈妈应该摆正礼仪教育观念。有的妈妈怕孩子吃亏，事事都纵容孩子，这就容易让孩子形成以自我为中心的倾向，从而常常做出“失礼”的行为。我们应该明确这样一个教育观：我们要培养的是讲文明、懂礼貌的人，而不是骄纵、任性的“小公主”。

方法二：教会女儿使用文明用语

一个妈妈这样谈到自己的育女经验：

在女儿2岁的时候，我就开始教育她使用“请”“谢谢”等文明用语。我教育她的方法非常简单，就是把这些文明用语用到女儿身上。例如，我让女儿帮我递一件东西，我会对她说：“嘉嘉，请把衣服递给妈妈。”等女儿把衣服递给我后，我会说：“谢谢嘉嘉。”慢慢地，女儿也学会使用这些词语了。在以前，女儿总是用命令的语气和我说话：“妈妈，把苹果递给我，快一点儿。”后来，她会这样和我说：“妈妈，请把苹果递给我。”当我把苹果递给她后，她还会说一声“谢谢妈妈”。

儿童心理学家研究表明，在孩子一两岁的时候，就可以有意识地教他们使用“再见”“对不起”“谢谢”“早上好”等文明用语。通过反复的强化练习，孩子会慢慢形成习惯，从而成为一个讲

我平时都是怎么教你的！一点儿规矩都不懂！
我吃个苹果。
谢谢阿姨，我自己拿就行。
女儿，帮妈妈一下，给你的好朋友发水果了！
谢谢阿姨！
好的，谢谢妈妈！
谢谢阿姨！

文明、懂礼貌的人。另外，在教育孩子使用文明用语的时候，我们不应该使用说教、批评的方式，这样的效果并不好，甚至可能会引起孩子的反感。

小姨给梦洁买了一个毛绒玩具，梦洁非常高兴，伸手就要去拿。妈妈拨开她的手，生气地说："我怎么教你的？接受别人的礼物应该怎么说？"梦洁非常不情愿地说："谢谢小姨。"

用这样的方式让女儿说出"谢谢"，女儿肯定不是发自内心的，下次一定还会忘记。在这种情况下，妈妈可以对小姨说："谢谢你送给梦洁这么可爱的玩具。"女孩是非常敏感的，当她听到妈妈说出"谢谢"两个字时，马上会意识到自己没有感谢小姨。此外，妈妈还可以在事后引导女儿："小姨送给你这样可爱的玩具，你是不是应该给小姨打个电话谢谢她呢？小姨接到你的电话后一定会非常高兴。"通过妈妈的引导，女儿会发自内心地感谢小姨，并且养成使用文明用语的好习惯。

2. 做优雅的女孩——培养女儿温文尔雅的谈吐

很多妈妈都希望自己的女儿能够成为一个谈吐优雅、举止有仪的小淑女。谈吐优雅、举止有仪带给女孩的好处实在太多了，它不仅增加了女孩自身的魅力，还赋予了女孩高贵的气质，让她们获得更多的赞赏和尊敬。

有一个妈妈这样抱怨说：

我女儿7岁了，是一个大大咧咧的女孩。别人家的小姑娘说话都是细声细气的，但是我女儿却是个"皮猴子"，不仅大声地说话、唱歌，有时候还和小男孩摔跤、爬树，没有一点儿女孩的样子。现在我非常着急，女儿要是一直这样发展下去，将来怎么办才好呢？

生活中，那些谈吐优雅、举止有仪的女孩更受大家的青睐。所以，为了让女儿拥有更好的气质，妈妈一定要在言谈举止方面引导她们，让她们成为小淑女。

要让女儿做到举止优雅，成为小淑女，就要告诉她们淑女的标准，并且引导女儿去执行。在举止方面，妈妈对女儿的影响非常大，所以妈妈应该为女儿树立一个良好的榜样。

方法一：妈妈要为女儿树立一个良好的榜样

天瑜的妈妈是一家建筑公司的项目经理。由于工作的关系，她非常豪爽，说话粗声粗气，有时候还大声地批评下属。在妈妈的影响下，天瑜也变得“不拘小节”，大声地唱歌，把玩具弄得七零八落，有时候甚至还带着小伙伴去和其他的小孩打架……

在气质塑造上，妈妈对女儿的影响是十分巨大的。女儿常常把妈妈当作自己模仿的对象，如果妈妈不注意自己的言谈举止，那么女儿也会变得“不拘小节”，并最终变成一种常态。所以，要想把女儿培养成谈吐优雅、举止有仪的小淑女，妈妈首先要做一个优雅女人。

方法二：告诉女儿成为淑女的标准

很多妈妈都希望自己的女儿能够成为一个人见人爱的小淑女。在生活中，当女儿的一些言谈举止不符合淑女的标准时，妈妈常常提示甚至批评她们：

“不要这样大声说话！”

“不要挖鼻孔，文明一点儿！”

“淑女一点儿好不好！”

……

这种说法是不对的，一方面，妈妈用批评、说教的方式去引导女儿，容易引起她的反感；另一方面，妈妈没有告诉她怎样的言谈举止才符合淑女的标准，女儿没有规则可以去遵循。所以，妈妈应该给女儿提供一些成为淑女的标准。

第一，行为举止方面。站立的时候要身体直立、挺胸收腹，不要耸肩、塌腰，更不要表现得无精打采、萎靡不振；行走的时候要不急不缓，不要表现出慌乱、着急的样子；坐着的时候要挺直上身，不要半坐半躺，更不要抖腿、晃脚。另外，在待人接物的时候要从容大方，不要慌慌张张。

第二，神情方面。在和人交往时，要常常面带微笑，表现出对他人的尊重和理解。另外，在公共场合不要做出剔牙、挖鼻孔、掏耳等不雅动作。

第三，谈吐方面。和人说话时不要粗声粗气，说话语气要温柔和缓，给人一种如沐春风的感觉。另外，在和人交往时要多用文明用语。

方法三：为女儿寻找一个偶像

现在的孩子都热衷于追星，这在小女孩身上尤为明显。如果让女儿盲目地去崇拜那些演艺明星，会对她们的学业、价值观、审美观造成一定的消极影响。在这种情况下，妈妈不妨顺应女儿追星的心理，找一个言谈举止优雅、事业成功的女性让女儿去喜欢、去模仿。这样，女儿不仅找到了自己崇拜的人，还会学习她身上的气质和优点，努力让自己也成为一个优雅的小淑女。

3. 提升审美力——告诉女孩穿衣打扮要得体

心理学家研究表明，女孩在两三岁时就会产生审美需求，并且迎来自己的审美敏感期。例如，在三四岁的时候，她们会穿妈妈的鞋子、涂妈妈的口红。等到年纪再大一点儿，她们爱美的心更强烈了，有的小女孩宁可挨冻，也要在冬天穿裙子。

雅琳14岁了，正是爱美的年纪，但是她从来不穿裙子，即使妈妈给她买来她也拒绝穿。出现这样的情况，和妈妈的责骂有关系。在雅琳6岁的时候，她非常喜欢穿裙子，即使到了冬天，也不肯脱下来。开始时，妈妈给女儿讲道理，但是雅琳死活不听，后来妈妈发了火："你这丫头这么小就这样臭美，长大了还得了？"妈妈的这句话给雅琳留下这样一个印象：喜欢穿裙子会成为坏女人。从那以后，雅琳每次穿裙子的时候都有一种罪恶感，到后来干脆再也不穿了。

爱美是女孩的天性，如果妈妈在女儿刚刚产生审美需求时就粗暴地干涉、阻止、限制她，会影响女孩审美观的正常发展。但是女孩又极容易受电视媒体、同学朋友的影响，如果妈妈不闻不问，她的审美观也很可能会被扭曲，形成错误的审美观以及生活方式。所以，穿衣打扮这件事看似不大，却会直接影响女儿的审美观，妈妈一定要认真对待。

方法一：让女儿在穿衣打扮上充满自信

雪慧的家庭条件不是很好，妈妈很少给她买新衣服。但是妈妈看得出来，女儿非常希望能够穿上新衣服，她甚至因为自己总是穿旧衣服而感到自卑。后来妈妈鼓励女儿说："我家雪慧是一个有气质的女孩，穿上什么衣服都漂亮可人。有些女孩尽管衣服光鲜，人却没有气质，一样得不到大家的认可。”妈妈常常和雪慧这样说。雪慧也相信了妈妈的话，更加注重自己的气质培养，再也不为穿旧衣服而感到自卑了。

作为妈妈，我们应该告诉女儿，气质才是女孩最靓丽的“外表”。这样，女儿会注重自己的气质培养，而不再只是关心穿什么样的衣服、戴什么样的首饰、用什么样的化妆品。当她认为自己拥有了不俗的气质时，她在穿衣打扮上也会有自己的想法，会形成健康的审美观。

方法二：教育女儿要衣着端庄、打扮得体

蒋佩蓉老师是著名的儿童礼仪专家，她在自己的相关作品中谈到过女孩着装的问题。她认为，每个女孩都希望被人珍爱，她们用衣着方式表示自身保有尊严和尊重，然后再从周围的人那里获得这种尊重。如果一个女孩衣着过于暴露，这就大大地贬低了自身的价值。佩蓉老师同时指出，穿着端庄不是要显得寒酸或者昂贵，一个衣着简单但是举止优雅的女人，远比那些珠光宝气的人更美丽动人。

4. 保持仪容美——仪表整洁，处处受欢迎

詹姆士·杜布森博士是美国一位著名的教育家，也是“爱家”的创建者和会长。“爱家”是一家教育机构，致力于家庭的保护和发展。每个月，他都会收到数以万计的电子邮件和信函。有一次，他收到了一个叫作伊丽莎白·克里斯廷·海斯的9岁女孩写来的一

封信，信的标题是《女孩比男孩好》，非常有趣。

女孩闭着嘴巴吃东西；

女孩不挖鼻孔；

女孩的头发梳得更漂亮；

女孩没有那么多的体味；

女孩不会把房间弄脏；

女孩看上去比男孩漂亮；

女孩用的除臭剂比男孩多；

女孩打喷嚏时会用手捂住嘴；

女孩不会把头发弄得一团糟；

女孩修面的次数比男孩多；

……

这个小姑娘列举了31条，其中有一半在讲女孩比男孩更干净整洁、讲卫生。确实是这样，和邋遢、不爱洗澡、不爱讲卫生的男孩相比，女孩更干净漂亮。大家都有这样的感受：一个女孩，无论她长相如何，只要干干净净、衣着整齐地出现在大家面前，很容易博得大家的好感。所以，女孩注重干净整洁，不仅关系到她自己的精神面貌、人际交往，还反映着她的家庭教育水平。

培养女儿干净整洁的习惯，应该是越早越好。因为一个习惯的养成不是一朝一夕，需要很长的时间，而且越是在小时候形成的习惯，越不会轻易丢掉。所以，妈妈在女儿很小的时候，就要去引导她，让她慢慢养成好习惯。

方法一：妈妈要以身作则

每个妈妈都希望自己的女儿干干净净、人见人爱。有些妈妈为了培养女儿干净整洁的好习惯，常常教训女儿：

“饭前要洗手，怎么又忘了？”

“刷牙了没有？不刷牙不准睡觉。”

“该洗澡了，快去洗澡！”

“把你的屋子收拾一下，乱死了！”

这种批评式的教育方式非常不好，它不仅无法起到教育效果，还会引起孩子的反感。其实对妈妈来说，最好的教育方式就是以身作则。如果妈妈在生活中总是干干净净、注重自己的仪表，女儿耳濡目染，也会养成干净整洁的好习惯。反之，如果妈妈非常邋遢，女儿也就“见怪不怪”了，再脏再乱的环境都能忍受下去。所以，妈妈要想培养女儿干净整洁的好习惯，自己首先要以身作则，做到干净整洁，给女儿树立一个良好的榜样。

方法二：让干净整洁成为女儿的一种习惯

惠茜6岁了，是一个干净整洁、讲究卫生的小姑娘。每天早晨起床，她不用妈妈提醒，自己就去刷牙洗脸，然后把头发梳得好好的。吃东西的时候，她会把手洗得干干净净。她自己的衣服、玩具也总是收拾得整整齐齐的，一用就能找到。惠茜能够养成这样的好习惯，和妈妈的教育是分不开的。在她3岁的时候，妈妈就给她买了儿童牙膏，让她和自己一起洗脸、刷牙、梳头。等她长大一些，妈妈开始教她叠衣服、收拾玩具，并告诉她把这些东西放在哪里。慢慢地，惠茜养成了干净整洁的好习惯，不用妈妈提醒就能做得非常出色。

心理学家研究证明，孩子在12岁之前可塑性是非常强的，如果妈妈能够抓住这个时机培养孩子的好习惯，将会使孩子终身受益。在培养孩子干净整洁、讲卫生方面，妈妈应该从小抓起，让他尝试着刷牙、洗脸、梳头，并告诉他饭前便后要洗手。等孩子长大一点儿，再教他叠衣服、收拾屋子。刚开始的时候，孩子可能不愿意学，也可能做不好，在这种情况下，妈妈不要批评孩子，也不要表现出不耐烦，而要耐心地去教导他。等孩子慢慢养成了干净整洁的好习惯，不用妈妈的提醒，他就能做得非常出色了。当然，对于女孩来讲，更是如此。

方法三：严格按规定执行

为了培养女儿干净整洁的好习惯，很多家庭都会制定相应的规矩，例如，早起要刷牙洗脸、饭前要洗手等。但是很多女孩并没有养成干净整洁的好习惯，这和妈妈的“执行不力”有很大关系。

场景一：

妈妈买了女儿最爱吃的天津麻花，女儿抓起来就要吃。妈妈说：“我不是告诉过你嘛，吃东西前要先洗手。”女儿急匆匆地跑到洗手间，用水龙头冲了两下就跑了回来。妈妈说：“你没洗干净，再去洗洗。”女儿仍是“故技重演”。最后妈妈无可奈何地说：“真拿你没办法，就这样吧。”

场景二：

7岁的雪丽把屋子弄得乱糟糟的。妈妈生气地说：“快把你的屋子收拾一下，太乱了！”雪丽说：“妈妈，我要写作业了，要不然就完不成了。”妈妈没办法，只好自己动手为女儿收拾屋子。

从上面这两个事例可以看出，由于妈妈的娇惯和放纵，最终让女儿打破了家庭所订立的规矩。这些规矩一旦被打破，也就失去了对女儿的约束力，最后也无法培养出女儿干净整洁的好习惯。所以，当妈妈订下这些规矩之后，一定要让女儿严格执行，不能有丝毫的妥协和退让。

5. 能歌善舞惹人爱——艺术修养为气质加分

气质是女孩最靓丽的“外表”。如果一个女孩缺少灵动的气质，即使长得再漂亮，穿上再华丽的服饰，也会给人呆板、肤浅、不耐看的感觉。而一个有气质的女孩，即使穿着简朴，也会引人注目。

气质是一种内在的东西，它是从心灵最深处散发出来，很快就能感染周围的人。和容貌相比，气质显得更加重要。首先，无论哪个女孩都无法决定自己的容貌和长相。其次，谁也不能让自己驻颜不老。无论哪个女孩，即使她年轻时具有姣好面容，也会有老去的一天。但是气质则不同，只要通过努力，每个女孩都可以让自己拥有高贵、优雅的气质，并且让这种气质伴随自己一生。所以，妈妈一定要注重女儿气质的培养，让她们拥有优雅、迷人的气质。

如何才能让女儿拥有优雅、迷人的气质呢？曾国藩说过：“人之气质，由于天生，本难改变，唯读书则可变化气质。”曾国藩说得确实非常有道理，多读书可以让女孩拥有书香之气，多一些古典、知性的美。当然，培养女孩气质的方式还有很多种。除了读书外，唱歌、跳舞、绘画等艺术方式也能培养女孩优雅、迷人的气质。

方法一：培养女儿对艺术的兴趣和爱好

一个妈妈这样谈到自己的育女经验：

在女儿2岁的时候，她突然对画画产生了兴趣。她常常在纸上、书上甚至墙上画出一些谁也看不懂的图画，并且乐此不疲。对于女儿的胡乱涂鸦，我和老公没有批评她，也没有告诉她应该怎么画，而是给了她很多的鼓励。我常常对女儿说：“丫丫画得真好。”有时候，我们还把女儿画的画贴到墙上。因为得到了我们的鼓励，女儿对画画的兴趣更浓厚了。

等女儿长大一些，我开始对女儿进行引导。例如，女儿刚看完《米奇妙妙屋》，我会对女儿说：“丫丫，你不是很喜欢米奇吗，那就用笔把它画出来吧。”刚开始的时候，女儿感觉有些难度，我会给她一些指导。等女儿画完的时候，无论她画得怎么样，我都会表扬她。再后来，我对女儿提出了更高的要求。例如，我家养了一只小猫喵喵，我就对女儿说：“给喵喵画一张像怎么样？”女儿便按照我说的去画，画得还挺好。

在女儿6岁的时候，她已经能够画出所有常见的动物，并且可以加进自己的创意。

由于经常画画，女儿的审美能力要比同龄的孩子高。她自己很会搭配服饰，有时候还会在着装问题上给我提意见：“妈妈，你不要老是穿牛仔裤，牛仔裤不适合你，你穿裙子才好看。”现在，女儿已经10岁了，对画画的兴趣依然很浓厚。前些天，我和女儿商量了一下，给她找了一个美术老师。至于女儿以后是否能在绘画方面有所突破、有所发展，这要看她自己的意愿。我们将来也不会给她施加任何压力。但是无论何时，我和老公都会是她最忠实的支持者。

这个妈妈很聪明，在女儿对绘画表现出兴趣的时候，她没有去干涉她，也没有给她施加任何压力，而是给了女儿很多的鼓励和引导。这样做是非常正确的。其实，让小女孩爱上唱歌、跳舞并不难，但是妈妈错误的做法会让孩子对这些艺术活动失去兴趣。所以，我们应该向这个妈妈学习，鼓励和引导女儿，而不是胡乱指挥她。

方法二：培养女儿的艺术感受力

法国著名雕塑家罗丹说过：“世界上并不缺少美，只是缺少发现美的眼睛。”罗丹在这里所说的“发现美的眼睛”，就是指艺术感受力。我们应该有这样一种感觉：那些搞艺术的人，如音乐家、作家、画家等，一般都具有很好的气质。为什么会出现这样的情况？这是因为他们的艺术感受力比一般人更敏锐、更强烈，所以他们更能捕捉生活中的美，并且把它们融入自己的气质中。所以，我们仅仅培养女儿对艺术的兴趣和爱好是不够的，还要培养她们的艺术感受力。

在培养女儿的艺术感受力方面，我们可以采取以下几个方法。

第一，让女儿多读文学名著。每位文学大师都有一双敏锐的眼睛，善于捕捉生活中的美感，然后再把它们记录到自己的著作中。让女孩多读文学名著，不仅可以增加女孩的文学知识，同时也可以增强女孩的艺术感受力。

第二，带女儿寻找生活中的美。艺术虽然高于生活，但也源于生活。可以说，一切的美都存在于生活之中。我们应该教育女儿热爱生活，关注周围的事物，并且善于发现生活中的美。等女儿具有了发现美的眼睛，艺术感受力也会变得非常敏锐。

第三，让女儿多接触大自然。雄伟的山峦，淙淙的流水、青翠的树木、霏霏的细雨……大自然的美丽是无法用语言描述的。让女儿多接触大自然，可以让她感受到大自然无穷无尽的美丽，从而提升自己的审美能力。当女儿的审美能力得到提升后，她的艺术感受力也会变得更加敏锐。

6. 女孩要有点儿书卷气——阅读让女孩更知性

古语曰："腹有诗书气自华。"英国著名的戏剧大师莎士比亚也说过："人的美丑是先天带来的命运，有没有素养则是书籍造就的命运。"可见，一个女孩有没有知性气质是和她是否读书有很大关系的。

一个妈妈的育女经验是这样的：

我有两个女儿正在读小学，无论和谁聊天，这两个小丫头的话题都很丰富。

"易中天对历史的见解很幽默！"

"杨澜阿姨是我的偶像，她不但口才好，做事也很有魄力。"

"乔丹打球就像跳芭蕾那么优美。"

……

当别人问我是如何让女儿如此博学时，我总会笑着说："你去我们家看一看就知道了。"我之所以这样说，是因为在我们家里，到处都可以看到杂志和各种各样的书籍，两个女儿还有专门属于她们的书房。在她们还没出生的时候，我就开始给她们读莎士比亚文集，讲述三国历史。现在女儿们热爱读书，并且从书中汲取到很多的知识。在外人看来，她们身上就是比同龄的小女孩多了一些东西，我想那就是知性气质，也是女孩的魅力之一。

事例中的妈妈是非常睿智的，她为女儿们营造了一个良好的读书环境，把家里布置成到处散发着书香的迷人空间，让女儿们随手可以拿到书。相信生活在这样一个书香家庭环境中的女孩，会成长为知识丰富、内涵丰富的知性女子。

那么，如何让女孩爱上阅读呢？妈妈不妨从以下几方面进行努力。

方法一：妈妈要成为女孩的榜样

妈妈一直都是女孩模仿的对象。如果妈妈喜欢与书为伴，那么耳濡目染之下，女孩也会渐渐地爱上读书，并把读书当成人生中一件快乐的事情。因此，妈妈要想培养出一个具有知性气质的女儿，就要成为女儿热爱读书的好榜样。

方法二：创造良好的家庭阅读环境

一个轻松、自在、有趣的阅读环境对于塑造女孩的知性气质非常重要。所以，妈妈要尽量为女儿营造出这样的读书环境，最好把图书放在孩子伸手可及、取放自如的地方，同时，也要注意提醒女孩阅读时要保持正确的姿势。

当然，除此之外，我们还可以利用节假日带女儿去图书馆、书店，相信丰富多样的图书会让女孩兴奋不已。

但是妈妈要注意一点，你不能为了让女儿读书，就盲目地去买很多书回家，或者这本书还没看几页，那本书就已经买回家了。市场上图书种类很多，不可能每一本书女孩都愿意去读。所以，妈妈在为女儿选书时，一定要先选那些女孩心仪的图书，然后引导女孩去阅读更多种类的书籍。

方法三：让爱读书的伙伴来引导不爱读书的女孩

一个智慧的妈妈的育女经验是这样的：

前一段时间，我给刚上小学三年级的女儿品品买了很多课外读物，但是女儿却不喜欢读。周末的一天，跟女儿上同一年级的侄女杨阳来家里做客，杨阳很爱看书，就给品品讲了很多书中的故事。看着小姐姐讲得绘声绘色，笑翻了天，女儿读书的胃口一下就被吊起来了。此后，每个周末我都会请杨阳到家里做客，渐渐地，女儿开始翻阅我给她买的课外读物了。

虽然我们常说小孩子易受妈妈的影响，但有时候孩子之间的相互影响比妈妈对她的影响更直接、更大。因此，作为妈妈，应该时常鼓励自己的女儿和那些爱读书的同学交朋友。相信在那些爱读书的小朋友的熏陶之下，原本不爱读书的小女孩也会对读书感兴趣的。

7. 敢于“标新立异”——培养女孩的脱俗气质

有这样一个真实的故事：

有一个中国女孩大学毕业后到美国的一所著名学府攻读环境工程硕士学位。课余时间，她在一所跨国贸易公司做兼职中文翻译，并因此结识了一名帅气、热情的洋小伙。这名洋小伙为了追求中国姑娘想尽了很多办法，而且当他得知自己喜爱的中国女孩非常喜欢动物时，马上就邀请她到自己家的私人动物园参观。

但这家动物园因为附近新建的一个大型游乐场的冲击，经营状况并不好，每况愈下，动物园的负责人——洋小伙的妈妈想了很多办法，仍然无力回天。不过，这个中国女孩仍建议她开辟一些新的项目，吸引游客。等女孩离开后，那位妈妈就对儿子抱怨说：“新项目？新项目在哪里呢？她说得多么轻巧！”并且她也不同意儿子和这个女孩交往。

不过，很快这位外国妈妈就改变了自己的看法，因为那个中国女孩的主意，真是太与众不同了。为了改善动物园的状况，中国女孩想到了一个迎合美国人独特想法的绝妙办法，那就是给动物办婚礼，以此招揽游客。

最后，这家动物园受到了前所未有的欢迎，很快就扭转了亏本的局面，而这个中国女孩也在异国收获了一份完美的爱情。

由此可见，女孩“标新立异”的气质，不但能提升她的魅力值，还能帮助她创造出奇迹。但生活中可能有些妈妈会说：“我家女儿还小，没有什么知识，怎么能够与众不同呢？”

其实，很多时候，一些简单的教育方法就可以帮助妈妈培养女孩与众不同的气质。

方法一：鼓励女孩的“标新立异”

一个妈妈的育女经验是这样的：

我的女儿读小学五年级，平时她总爱异想天开，常常对我们提出一些奇怪的问题，做出一些怪异的事。例如，月光为何是白色的呀？天上为什么会有星星啊？汽车为什么不飞着走呀？有一次她把鸡蛋放在温暖的被窝里孵小鸡……对女儿的这些问题和行为，我要么给予她肯定和赞美，要么引导她去思考。因为只有鼓励孩子的“标新立异”，她们的创新精神、脱俗气质、个性魅力才会提高。

其实，只要妈妈注意倾听和发现，就能从女孩每天向妈妈提出的许多问题中发现她们独特的思考。也许女孩的某些问题异常古怪，甚至令妈妈嗤之以鼻，但就是这些古怪的问题包含着女孩创造性的心理品质。所以，要想培养女孩的脱俗气质，妈妈就应该鼓励和支持女孩“标新立异”。

方法二：保护女孩的个性

妈妈都希望打造出一个具有完美气质的女孩，以至于常常按照大众化的标准去规范和教养女孩，却忽略了对女孩个性化的培养。一个有个性的女孩在生活中往往显得比较自信，敢于表现她与众不同的一面。但妈妈在培养女孩的独特个性时，一定要及时纠正女孩对“个性”的误解以及她个性中不好的一面，以免使她变得桀骜不驯，影响其健康发展。

例如，很多女孩以为个性就是衣着打扮上的不同。于是，为了彰显自己的个性，她们打唇钉、文身……这些行为都不是正确的个性体现，而且会让女孩显得俗气，失去了本来的美感。

方法三：培养女孩洒脱的性格

女孩如果过于斤斤计较和拘泥于细节，那么她很难成为一个洒脱的人，自然也不会有什么大成就。因此，妈妈应有意识地培养女孩洒脱的性格，让她学会适时放弃，学会做事分轻重。当然，妈妈在教女孩学会放弃时，一定要掌握好其中的“度”，以免对女孩造成消极影响。

一个妈妈的育女经验是这样的：

从小我对女儿的教育就是不拘一格的，我希望她能成长为一个有独立意识、自我见解与众不同的女孩，而不是一个随大流、没有自己独特魅力的人。我曾经教给她的最重要的一句话就是：“你不是超人，必须学会舍弃，然后去做你内心真正想做的事。”

所以，当她填报高考志愿的时候，我们让她自己选择去哪所学校——是那所专业不太对口的重点院校，还是专业师资力量很强的次重点院校。最后女儿洒脱地选择了后者。

虽然这件事情令周围的人很不解，但女儿不后悔自己的选择，而且她看起来更快乐、更轻松。她说相信自己在专业实力这么强的学校里，一定会学到更多的东西。现在，女儿已经大学毕业了，并且获得了留校任教的机会，原先不理解她的那些同学如今都非常羡慕和钦佩她。

第 六 章

拥有7种良好习惯，
女孩将受益终身

1. 拖延是进步的大敌——为人处世要利落

生活中，最让爸爸妈妈头疼的就是家里有个慢性子的孩子，很多时候是你急她不急，似乎总有太多的事情能够分散她的注意力。例如，爸爸妈妈早上着急上班，本来正在吃早饭，忽然有一点儿响声，女儿非要放下饭碗去看个究竟，而且无论爸爸妈妈怎么催她，她就是磨磨蹭蹭地不想回到餐桌旁。

面对这样的“小磨蹭”，妈妈最常用的做法就是重复地提醒女孩或者不断地冲着她大喊大叫：“下次再这样磨蹭就不管你了！”“你准备好了吗？”“你就不能快点儿！”……然而，女孩的这种磨蹭行为并没有因为妈妈的恐吓或提醒而有所改变。

其实，作为妈妈，你是否想过这样一个问题：“女儿为什么会慢？”是她天性如此吗？当然不是，这是因为小孩子还没有时间观念，她还不清楚自己的慢会产生怎样的后果，或者说她并没有意识到慢所产生的后果的严重性。长此以往，她可能真的会变成一个爱磨蹭、没有时间观念的人。

那么，有什么好方法可以让女孩改掉这种磨蹭、拖拉的坏习惯，养成做事利落的好习惯呢？你可以参考下面这些方法。

方法一：让女孩自己承担拖延行为所带来的后果

很多女孩因为习惯了凡事由妈妈提醒、催促，她们便理所当然地按照自己一贯的行为去做事。例如，早上没有妈妈叫她们，她们根本不会去想上学是否会迟到；没有妈妈的提醒，她们根本不会事先去准备……在这种情况下，女孩怎么可能养成不磨蹭、不拖拉的好习惯呢！所以，妈妈不要成为女儿的“定时闹钟”和“善后军团”，而是应该让她自己承担磨蹭行为所带来的后果。

每天吃饭都这么磨蹭，不想吃就别吃了！
妈妈，小猫咪来了，我和它玩儿会儿再吃饭。
哦，小猫咪也饿了，它也是来吃饭的。妈妈给小猫咪盛上饭，你和它比比谁先吃完。
妈妈，小猫咪来了，我和它玩儿会儿再吃饭。

下面这个妈妈的经验就很有启发性。

女儿从小就有做事磨蹭的坏习惯。对此我很苦恼，有一天我想了一个办法惩罚她一下。

一天早晨，女儿照样是慢吞吞地起床、穿衣服、洗漱，我没有像往常一样催促她，而是由着她不慌不忙地整理书包、吃饭……结果当然是迟到，女儿被老师批评了一顿。

放学回来后，女儿显得很难过。这时，我才告诉她："平时你不迟到，是因为有爸爸妈妈在旁边提醒你，替你着急。现在，你长大了，要学会做事有效率，加快节奏，安排好自己的时间，如果你这磨蹭、拖拉的习惯不改，以后不只是挨老师批评，还会造成更严重的后果。"现在，无论做什么事，我都不会催促女儿了。果然，在吃了几次苦头之后，女儿的行动快多了。

方法二：制订生活日程表，让女孩学会合理安排时间

如果你的女儿做事效率不高，老是喜欢磨磨蹭蹭，那你就可以为她制订一份生活日程表，让她学会合理安排自己的时间。例如，早上什么时间起床、用多长时间穿衣、洗漱、吃早饭；晚上回到家什么时间完成作业、何时上床睡觉等。这些都可以记录在先前制订的生活日程表中，并且每当女孩按规定完成一件事，妈妈就要在表格中标记出来，或给予表扬，或在一段时间后给予女儿奖励。

另外，妈妈也可教女孩利用统筹的方法来安排做事的先后顺序，这样她就可以极大地提高自己的办事效率，还节省了很多时间，用来做自己喜欢的事情。

我们在帮助和引导女孩提高办事效率的同时，也要告诉她，动作快不等于敷衍了事、马马虎虎，而是要本着认真、负责的态度把事情做好。

2. 不做“小马虎”——教育女儿行事要细心

12岁的云云是个不折不扣的“马虎大王”。有很多次，她出门都忘了带钥匙，结果只能站在门口等妈妈下班。她在生活上也没有条理，常常把自己的书、衣服到处乱放，等到用的时候又焦急地问妈妈：“妈妈，我的校服放哪儿了？我们今天升国旗要穿的。”

有一天，云云让妈妈带她到动物园拍照，结果到了动物园后，她突然大叫起来：“坏了！我把相机忘家里了！”这件事情让妈妈哭笑不得，只能用手机给她拍了。妈妈常常感叹：“我家这个‘马虎大王’什么时候能够细心起来啊！”

对于女孩来说，粗心大意的危害是不言而喻的，因为它不仅让女孩在生活上丢三落四、没有头绪，更会影响到她的学习成绩，让她平时的努力在一场考试中付之东流。

当女儿出现马虎现象时，妈妈不要着急，更不要斥责女儿或者给女儿起外号讽刺她为“马虎大王”等。正确的做法是，应该对女儿耐心引导，让她在生活中慢慢改掉马虎的坏习惯，养成细心的好习惯。

方法一：不要随便给女儿贴上“马虎”的标签

一个小女孩曾经在日记中这样写道：

我现在最怕的事就是爸爸妈妈叫我“马虎大王”了。前一段时间，我做事确实粗心，还闹出了不少笑话。爸爸妈妈为了让我改正缺点，老是在我耳边说：“你怎么这么粗心啊！”“以后不要再粗心大意了！”爸爸妈妈一直这样说，已经让我产生焦虑感了。每做一件事，我都会担心出错，结果越担心越是错误百出。

心理学家研究表明，如果某种信息重复进入一个人的大脑，就会对他的潜意识造成很大的影响。在生活中，我们都有这样的经验：当孩子拿着杯子玩耍时，我们一再告诫他："别把杯子摔坏了！"结果孩子还是把杯子摔坏了。潜意识是无法对负面信息进行分辨的，我们告诉孩子"别把杯子摔碎了"，其实是在告诉他的潜意识："把杯子摔碎！"

同样的道理，我们一再告诫女儿不要"做事马虎"，她的潜意识会接收到这样的信息——做事要马虎，结果女儿越来越马虎了。所以，即使女儿有粗心的毛病，妈妈也不要给她贴上"粗心"的标签，否则是在强化这种信息。当然，妈妈可以正面地告诉女儿："做事细心些。"让女儿常常接收到这种正面的信息，做事马虎的毛病是会有所改观的。

方法二：培养女儿井然有序的生活和学习习惯

在贞贞5岁的时候，妈妈给她买了一个小皮箱，并对她说："现在贞贞长大了，以后要学着自己保管物品了。"贞贞像小大人一样点了点头。在以后的日子里，妈妈经常教贞贞怎么收拾屋子、怎么管理自己的物品。在妈妈的帮助下，贞贞养成了井然有序的生活习惯，每件物品都放得有条不紊，要用的时候一下子就能找到。

在贞贞上小学后，妈妈和女儿一起制订了学习计划，什么时候写作业、什么时候检查作业、什么时候预习功课，都安排得井井有条。由于在学习方面用功以及细心，贞贞的成绩一直都在班里名列前茅。

培养女儿细心的习惯不是一朝一夕就能成功的，所以妈妈要从小事抓起，从一点一滴抓起。如果女儿在生活和学习方面都能够井然有序地进行，那么粗心大意、马马虎虎的行为就会大大减少了。

自己找去，马马虎虎的毛病什么时候能改掉！
妈妈，我的舞鞋放哪儿了？
你是不是放到床下面了，下次一定要放到鞋柜里，就不用再到处找了。
妈妈，我的舞鞋放哪儿了？

方法三：给粗心的女儿一个教训

一个妈妈这样谈到自己的育女经验：

去年寒假，我给女儿报了一个舞蹈班。从那以后，女儿每天兴高采烈地拿着舞蹈鞋去上课。有一次，由于走得匆忙，粗心的女儿竟然忘了带自己的舞蹈鞋。我女儿平时很粗心，常常丢三落四，我提醒过她很多次，她都记不住。这一次，我决定给她一个教训，就故意没有告诉她。果然，半小时后，女儿从学校给我打来电话："妈妈，我的舞蹈鞋忘带了，你能不能帮我送一下？"我说："妈妈还有事，你自己的事情还是自己解决吧。"女儿见我态度坚决，只好向老师请了假，气喘吁吁地跑回家，来拿自己的舞蹈鞋。

事后，我对女儿说："不是妈妈不肯帮你，妈妈这次虽然让你多跑一趟，将来你一定会因此而少跑很多次。" 有了这次教训，女儿明显细心多了，每次出门前都把自己的东西检查一遍，生怕把东西忘在家里。

有些妈妈怕女儿粗心落下东西，常常苦口婆心地叮嘱她们："钥匙带了吗？""上学时别忘了带课本！"在女儿落下东西的时候，有些妈妈会给女儿及时送去。当然，怜爱女儿没有错，但是这样做不仅无法培养女儿细心的好习惯，还会让她更加马虎、粗心。因为她形成了依赖心理：反正妈妈会叮嘱我的。因此，有时候，妈妈不妨给粗心的女儿一个教训，让她知道粗心的后果。有了这样的教训，相信她会谨慎、细心很多的。

3. 勤劳是金——培养女儿热爱劳动的习惯

人们常说："女儿是妈妈的贴心小棉袄。"为什么这么说呢？这是因为女孩一般都很懂事，在年纪很小的时候就懂得分担妈妈的劳累，例如，帮妈妈洗衣、收拾房间等。

劳动能够使孩子变得更加聪明、更加能干。苏联著名文学家高尔基说过："天才就是劳动，人的天赋就像火花，它既可能熄灭，也可能燃烧起来，而使它成为熊熊烈火的办法只有一个，那就是劳动，再劳动！"儿童心理学家研究发现，劳动可以促进孩子的智力发展，而且对孩子品德、兴趣、意志的培养，都起着至关重要的作用。

如果女孩不爱劳动，原因一般出在妈妈身上。妈妈一定要摆正心态，不要让自己错误的"爱"耽误孩子。另外，妈妈应该让女儿对劳动有一个正确的认识，让她知道劳动的意义，从而热爱劳动；还应该让女儿多做一些力所能及的事，让她养成吃苦耐劳的品性。

方法一：让女儿承担一部分家务

对于妈妈来说，一定要摆正教育心态，切不可因为心疼女儿而不让她劳动。这样做，其实不是在爱女儿，而是在害女儿。对于孩子来说，她其实并不排斥劳动，有时候甚至还会主动提出帮妈妈做家务。在这种时候，妈妈不要打击她的积极性，也不要怕她做不好，而是要鼓励她去做。另外，妈妈还可以让女儿分担一些家务，如扫地、洗碗、抹桌子等。等女儿做的时间长了，热爱劳动的好习惯也就慢慢养成了。另外，在女儿开始劳动时，妈妈应给她做些示范，并且要注意安全和卫生，防止意外事故的发生。

方法二：对女儿多加鼓励和赞美

当妈妈让女儿帮忙做家务时，要多鼓励、多赞美，这样会激发女儿热爱劳动的积极性。另外，妈妈不要只看女儿的劳动结果，更要看重女儿对劳动的积极态度。如果女儿很认真地扫了地，即使没有扫干净，妈妈也不要埋怨她，而要对她的行为提出表扬。此外，有些妈妈用金钱刺激孩子的劳动欲望，这是非常不对的，这很容易让孩子产生为钱而劳动的负效应。心理学家研究发现，对孩子进行精神奖励（鼓励、赞美）比金钱奖励更有效，也更科学。

方法三：增强劳动的趣味性

要想培养孩子的某种习惯就要让孩子对它产生兴趣，这样才能达到很好的效果。例如，在孩子劳动的时候，可以采取竞赛的形式，这样既可以培养孩子的竞争心理，又可以使劳动变得富有情趣。再比如，孩子都喜欢家里来客人，当客人来到的时候，妈妈可以让孩子去招待客人。通过这样的方式，可以调动她们劳动的积极性，从而让她们慢慢养成热爱劳动的好习惯。

4. 错了敢于承认——知错就改是一种美德

生活中，孩子犯错的原因多种多样，如孩子还未建立是非观；孩子个性比较强，即使做错事也拒绝立马承认，或者他纯粹是为了吸引大人的注意，故意重复犯错。

其实，无论出于什么原因，妈妈都应帮助和引导女孩养成知错就改的好习惯。

方法一：以身作则，给女儿树立知错就改的好形象

妈妈是孩子行为的镜子，你做什么、说什么，她就会跟着做什么、说什么。所以，我们要培养女儿知错就改的好习惯，就要以身作则，给女儿树立知错就改的好形象。

下面这个妈妈的转变就很值得家长借鉴。

我有两个孩子，大儿子上高二，小女儿读小学三年级。因为以前我对儿子的学习成绩不太在意，导致现在他虽然学习很努力，但由于基础没打好，学习成绩不太理想。经过反复总结经验后，我对女儿的教育从她很小的时候就着手了。

有一次，女儿的学习成绩不太理想，数学和语文都刚刚及格，一怒之下，我大骂了女儿一顿。骂完我就后悔了，我知道骂孩子是不对的，也觉得自己额外给女儿布置作业增加了她的压力，所以我主动跟女儿道了歉。没想到女儿不但学习成绩提高了很多，也变得懂事了很多，如果她做错事，还会主动认错并改正。

方法二：妈妈要以宽容、谅解的态度接受女儿的道歉

“对不起，我错了！我以后会改正的！”当女儿主动向妈妈承认错误并道歉的时候，妈妈会选择怎么应对呢？或许大多数妈妈会原谅女儿的错误，但也有一些妈妈死揪着不放，尤其是当孩子犯了一个很严重的错误，像偷东西之类的，然后就开始对孩子进行批评、惩罚。

世界上没有一个不犯错的孩子，而且每个孩子犯错的背后都有一定的原因。如果妈妈始终不肯站在孩子的立场去想一想，就盲目地选择对他的教育方式，那他怎么可能会听妈妈的话知错就改呢？

所以，妈妈应该以一颗宽容、谅解的心去接受女儿的道歉，并且事先要安抚一下她内疚、不安的情绪，告诉她：“好女儿，你能主动承认错误，并下定决心改正，我很欣慰！”

5. 告别大手大脚——让女儿从小学会节俭

现在的女孩生活在富足的年代，没有经历过苦日子，不知道勤俭节约的重要性。而一些妈妈对女孩也是十分娇惯，既不让女孩干任何家务，女孩要买什么东西，也是千方百计地去满足。在这些妈妈的心目中，这样做是在爱女儿，殊不知，是在害女儿。

古人说过："勤能补拙，省能补贫""俭，德之共也；侈，恶之大也""历览前贤国与家，成由勤俭破由奢"。勤俭节约是中华民族的传统美德，它不仅关系到一个人的家庭幸福，还关系到一个人的品德修养。

也许有的妈妈会说，现在的生活富足了，我们没必要再提倡勤俭节约了。在任何时候，勤俭节约都是一条朴素的真理，都有提倡的必要。更何况，孩子吃喝花费都靠父母供给，更没有奢侈的理由。现在的女孩不懂得勤俭节约，这在一定程度上是因为平时她们被妈妈娇惯坏了。所以，要想培养女孩勤俭的美德，妈妈要舍得让女儿劳动，并且让她知道赚钱的不易，认识到勤俭节约的重要性。

方法一：妈妈为女儿树立一个好榜样

妈妈是孩子学习的榜样。值得我们注意的是，现在很多妈妈习惯于和他人做比较，不仅比吃比穿，还比谁的住房大，谁的轿车更高级。其中一些生活较为富足的妈妈更是把这些当作炫耀的资本。其实，这样做是不对的，这会让孩子把很多精力放在吃饭穿衣上，并且去和同学、朋友进行比较，从而养成虚荣、奢侈的坏毛病。所以，妈妈一定要厉行勤俭，给女儿树立一个良好的榜样。

方法二：用生活中的小事来培养女儿勤俭节约的好习惯

培养女儿勤俭节约的好习惯，可以让女儿从节省一张纸、节约一度电，帮妈妈扫扫地、擦擦桌子开始。这些事情虽小，但是时间长了，孩子就会慢慢养成勤俭节约的好习惯。值得注意的是，现在很多妈妈舍不得让女儿干活儿，更不忍心在花钱方面限制女儿，认为让女儿受苦受累便是对不住她们。其实，这样想是不对的，现在让孩子受些苦受些累，总比她们长大后受苦受累要好。所以，妈妈应该让女儿勤做家务，在花钱方面也不要过分娇惯她们。

方法三：让女儿体验赚钱的艰难

乐姗的妈妈是做餐馆生意的，家里比较富裕，所以花起钱来大手大脚。她的爸爸妈妈常常给她讲赚钱多么不容易，但是乐姗根本听不进去，照样大手大脚地花钱。为此，她的妈妈决定改变这种状况。

一年暑假，妈妈对乐姗说："妈妈的餐馆里正缺一名小工，你去给妈妈帮几天忙怎么样？妈妈按其他工人的工资标准给你开工资，每天50元。"乐姗一想能够赚到钱，于是非常爽快地答应了。但是这些钱并没有乐姗想象的那样好赚，她一天几乎跑断了腿、累弯了腰，才赚到区区50元钱，还不够买一件衣服。

有了这次"打工"经验，乐姗知道了赚钱的辛苦，再也不像以前那样胡乱花钱了。

苦口婆心地告诉女孩要节俭、不要乱花钱，远不如让她体验一下赚钱的艰辛和不易来得有效。当她知道挣钱要付出多少辛苦、多少汗水时，才真正会对钱有一个概念。当她知道妈妈的钱来之不易时，她才会厉行节俭，再也不胡乱花钱了。至于如何让女孩体验到赚钱的艰辛，可以让她在寒暑假"打打工"（妈妈可以做她的"雇主"），还可以带她到工厂参观等。

6. 生命在于运动——让女儿每天坚持运动

常言道："生命在于运动。"要想维护女孩的身体健康，强健她的体魄，除了要给她提供合理且充足的营养之外，更要重视女孩的运动和锻炼。运动和锻炼是女孩的活力之源、健康之本。一个真爱孩子的妈妈，一定会把女孩培养成一个善于运动和锻炼的人。

一个不常运动的孩子，往往没有足够的技巧和力量去和那些经常运动的孩子进行对抗，而一旦在初次的运动过程中受到打击或者挫折，不常运动的孩子就会产生一种技不如人的自卑感，进而越来越不爱运动。

因此，妈妈必须注意培养女孩经常运动的好习惯，因为运动会让她更健康、更有活力、更热爱生活。

那么，妈妈具体可以通过哪些方法引导女孩爱上运动呢？

方法一：鼓励女孩参与自己感兴趣的运动项目

有一个妈妈这样讲述自己的育女经验：

春节前夕，我带着9岁的女儿洋洋去度假村玩儿。在度假村的广场上，洋洋看到很多年龄和她差不多的孩子都穿着轮滑鞋在广场上自由地滑行，还有一些女孩不时地做一些花样动作，引来一阵阵掌声和欢呼声。

我见洋洋看得很入迷，于是便问她想不想像他们一样学轮滑，女儿马上高兴地点点头。于是，第二天，我就带着女儿报了那个轮滑训练班。刚开始，女儿还兴奋地去学习，可当她发现自己穿上鞋后连站都站不稳，而且老是摔跤后，就有些想打退堂鼓。这时，我就鼓励她说："每个初学者都和你一样，那些技术高的小朋友也是从你现在这个阶段挺过来的，只要你咬紧牙关熬过去，就能像他们一样自由自在地在广场上滑行了。妈妈相信你，更支持你！别人能做到的，我女儿一定也能做到！”

在摔倒很多次后，女儿终于能够穿着轮滑鞋自由地运动了。等到夏天来临的时候，女儿已经可以在我们小区广场上自由地滑行了。而且由于女儿掌握了这种新本领，她很快成为自己朋友圈里的小名人。原本内向、自信心不足的她也逐渐变得开朗了很多。

很多女孩为什么不愿意外出运动呢？无非就是她们觉得体育锻炼是一件非常枯燥、乏味、令人劳累的事情，所以很多时候她们宁愿想出各种各样的理由待在房间或教室里，也不愿运动一下。

因此，妈妈必须首先激发女孩对运动的兴趣，为她选择一项她心仪的运动项目，然后在她灰心或想要放弃时不断地鼓励和支持她，让她坚持运动。等到女孩娴熟地掌握了这项运动的技巧时，你会发现她真的爱上了运动。

方法二：组织女孩与伙伴们一起互动

聪聪是个小胖墩儿，妈妈本想教她借助运动减肥，可是这小丫头就是一点儿都不喜欢运动，每次运动都需要妈妈催她好几次，而运动没有五分钟，她就嚷嚷着累，然后要回家。看着女儿越来越胖的身体，她的妈妈非常担忧。

一次偶然的机会，聪聪的妈妈结识了一位业余网球教练，而那位教练也在为女儿不爱运动而发愁。于是，两个妈妈一商量，如果让两个小女孩一块儿运动，说不定她们反而会有积极性。几天后，聪聪的妈妈以带她去玩儿为由，带女儿去参加了网球训练，同时也叫上了教练的女儿。事情果然如两个妈妈期望的那样，两个女孩很投缘，凑在一起玩儿得很开心。后来，两个妈妈为了让她们运动得更有积极性，就鼓励她们叫上自己的伙伴一起参与进来。一段时间后，聪聪妈妈惊喜地发现，女儿不但成功地减轻了体重，身体变得健康强壮起来，而且运动技能和运动积极性都大幅度地提高了。

运动需要耐性，而小孩子缺少的恰恰就是耐性。但如果他是和其他小朋友一起运动，这种运动的积极性就会保持得长久一些。所以，要想让女孩爱上运动，并始终保持运动的激情，妈妈最好能找几个小伙伴和女儿一起运动。

7. 规律睡眠——让女儿养成早睡早起的习惯

一个妈妈曾这样忧虑地说起自己女儿的情况。

我女儿上高一了，她是属于那种勤奋型的学生，小学到初中成绩一直处于中上游，中考后她顺利进入一所重点高中。但升入高中后，她听说学生中间流行什么“两小时法”有助于学习，便开始积极尝试。所谓“两小时法”，就是每天一回到家什么也不干，先睡觉，然后再接着起来吃晚饭，晚饭后开始写作业，一直到晚上十二点左右，才开始睡觉。等两小时后再起来复习或预习功课，大概两小时后，再次进入梦乡。现在女儿正在积极地试行这一方法。但这种违背自然规律的休息方式，肯定是不正确的。每天清晨，孩子都是睡眼惺忪地被闹铃惊醒，然后无精打采地吃早饭、上学。

女儿这种不规律的睡眠习惯，不但影响了她的生活，连我们的生活也受到了影响。因为每天晚上只要女儿的闹铃一响，我们也会跟着惊醒，而且我发现女儿每次睡觉都是和衣躺着，根本不可能得到充分的休息。我曾多次劝阻她，但这孩子就是不听，再加上学习压力比较大，她根本无法安心休息。我真怕时间长了，影响她正常的成长发育。

事实上，很多女孩都有类似的情况发生，而造成女孩睡眠不规律的原因主要是学习负担过重。还有一些情况是被有趣的电视、漫画吸引，不肯上床睡觉等。这些都可能是导致女孩睡眠不规律的诱因。

睡眠不规律会对女孩造成很多不良影响：睡眠不好影响人体健康，导致人体免疫力降低，进而诱发各种疾病；睡眠不足的人精神、情绪容易受到影响，易感疲劳、烦闷、暴躁，还会导致人的智力下降。

因此，妈妈必须培养女儿规律睡眠的好习惯，这不但是对她的身体负责，更是对她的生活负责。那么，培养女儿规律睡眠的好习惯，妈妈应该怎么做呢？

方法一：保证女孩的睡眠时间，提高睡眠质量

孩子的神经系统发育不健全，易于兴奋，也易于疲劳。生活中，我们时常看到有些小女孩晚上很兴奋，怎么哄她都不去睡觉。因此，妈妈必须保证让女孩按时睡觉，并保证她有充足的睡眠时间，这样她才会保持充沛的精力，变得更加健康活泼。

有一个妈妈讲述了自己的育女经验：

我女儿6岁了，她从早到晚都闲不住，也不知道她哪里来的那么多精力，每天都要闹到很晚才休息，而且临睡前还喜欢吃一些糖果和饼干。最近这一段时间她一直嚷嚷着牙疼，我想一定是有了蛀牙。我知道孩子睡眠不好肯定会影响她的生长发育，所以我决定想办法提高女儿的睡眠质量。

首先，我专门给女儿准备了一间卧室，因为她以前一直跟我睡在一起，每天睡觉时或多或少会受我的影响。现在她有了自己的

卧室，可以安静地休息了；其次，我严禁女儿睡前吃糖果、饼干等食物，并且要求她每天睡前刷牙；最后，我把女儿的房间布置得非常温馨，并且用她喜欢的蓝色粉刷了墙壁，里面还摆放了她最喜欢的玩具和图书，我每天都会给女儿讲一个睡前故事。刚开始，她不情愿一个人睡，可是看着自己漂亮的小房间和可爱的小床，她心动了。从那之后，女儿逐渐恢复了正常的休息时间，改掉了晚睡的坏习惯。

方法二：给女孩一个睡眠“定时器”

现在很多女孩因为学习压力过大或者生活中一些事情的侵扰，晚上常常很难进入梦乡，失眠的现象比较严重。结果第二天起来，不是顶着“熊猫眼”去上学，就是在课堂上打瞌睡，严重影响了她们的生活、学习和身体健康。

如何帮助女孩解决失眠这种状况呢？定时睡觉就是一个不错的方法。比如，你可以每天晚上用闹钟定好孩子入睡的时间。例如，8点钟定时器响的时候，就是在提示女孩要进入睡眠状态了。第二天早上，也要给她定好起床的时间。这样在孩子的潜意识中就有了这样一种规律：我每天晚上8点睡觉，早上7点起床。久而久之，她就会按照这种睡眠规则去休息了。

当然，面对失眠的女儿，我们还需要其他的方法，如音乐疗法、饮食疗法等。其实，最终目的都是一样的——治好女儿的失眠，让她有一个良好的睡眠状态。

第七章

注重品德和修养，培养心灵美的女孩

1. 播下诚信的种子——教女儿言必信，行必果

以诚待人，以信取人，是我们中华民族优秀的传统美德之一。孔子说过："言而无信，不知其可也。"这是在告诉我们如果一个人没有诚信，就不会取得大家的信任，也就没有人愿意和他交往、合作了。

随着社会的进步和发展，人们对于诚信的呼声越来越高。一个人如果缺乏诚实守信的品质，就很难在社会上立足，诚信已经成为人们的"第二张脸"。

对于女孩来说，诚实守信带给她们的益处是非常多的。它不仅能让女孩保持一颗高贵的心，还能让女孩取得他人的信任，收获一个好人缘。所以，我们要重视对女儿诚信的培养，让她成为一个诚实守信的人。那么，在培养女孩诚信方面，妈妈应该怎么做呢？

方法一：妈妈要给女儿树立一个良好的榜样

为了让女儿能够取得好成绩，妈妈每天晚上都会辅导小雨的功课。一天晚上，妈妈正在辅导小雨功课时，家里的电话突然响了。妈妈悄悄对小雨说："如果是你王阿姨找我，你就说我还没有下班，明白了吗？"小雨不解地说："您不是在家吗？为什么要撒谎呢？"妈妈有些不高兴地说："小孩子懂什么。"最终，小雨言听计从地接了这个电话。

渐渐地，妈妈发现女儿常常编造各式各样的借口逃避学习，学习成绩也一落千丈。有一次，妈妈被骗后，怒不可遏地斥责小雨说："小小年纪，谁教你撒谎的？"小雨理直气壮地回答："妈妈打电话可以撒谎，我为什么就不可以啊？"

我也要和您一起去商场买东西。
你不是约好朋友来家里写作业吗？给她们打个电话，告诉她们你有事不在家，别让她们来了。
这样不好吧？你既然已经和别人约好了，就应该遵守约定呀！
我也要和您一起去商场买东西。

苏联教育家马卡连柯说过：“不要以为只有在你们同儿童谈话、教训他、命令他的时候，才是进行教育。你们生活的每时每刻，甚至你们不在家的时候也在教育儿童。你们怎样穿戴，怎样向别人说话，怎样议论别人，怎样欢乐和发愁，怎样对待敌人和朋友，怎样笑，怎样读报——这一切，都对儿童有着重要的意义。”上个事例中的妈妈显然没有注意到身教，她让女儿替自己撒谎，结果女儿也养成了撒谎的坏习惯。作为孩子的妈妈，我们一定要意识到孩子的模仿能力是十分强的，要想让女孩做一个诚实守信的人，妈妈首先就要做到诚实守信，为女孩树立一个良好的榜样。

方法二：尊重女儿并且尽量满足女儿的合理需求

场景一：

雅婷看中了一款红色运动衣，吵闹着让妈妈买给自己，但是妈妈就是不同意。过了两天，雅婷和妈妈撒谎说：“妈妈，现在我们班上的女生都穿这种红色运动衣，就只有我没有了，你就给我买一件吧。”

场景二：

妈妈对蕾蕾非常严厉，每次蕾蕾没考好，都要狠狠地批评她一顿。这次蕾蕾只考了65分，为此，她十分担心。为了逃避责罚，最后蕾蕾想出了一个办法：用红笔把“65分”改成“85分”。

很多时候，孩子并不愿意撒谎，但是为了逃避责罚或者满足某种需求，他们出现了不诚信的行为。作为妈妈，我们应该给女儿一个宽松的环境，不要让她为了逃避责罚而出现撒谎的行为。另外，我们应该认真对待女儿的需求，尽量满足其中的合理需求。

方法三：掌握让孩子克服撒谎的正确方法

对于孩子撒谎的行为，很多妈妈都是深恶痛绝的。为了杜绝孩子撒谎，一些妈妈甚至采用了打骂的手段。但是这样的做法只能让孩子产生深深的恐惧，而不能从根源上消除孩子的撒谎行为。所以，妈妈一定要注意自己的言行，具体可以从以下几方面入手。

第一，不要激发孩子防御性的撒谎。例如，女儿考试没考好，却没告诉妈妈，妈妈知道后非常生气地质问女儿，这是在逼着女儿撒谎。当遇到这种情况的时候，妈妈可以对女儿说："我给你们老师打过电话了，她说你的考试成绩不理想，你需要妈妈的帮助吗？"

第二，避免问"为什么"。例如，周日女儿赖在床上不起来，如果妈妈问她："这么晚了你为什么还不起床？"为了赖床，女儿很可能会撒谎："我肚子不舒服，我还要躺一会儿。"在这种情况下，妈妈可以对女儿说："时间不早了，你该起床了。"这种正面的、叙述性的话语，更能让女儿接受，从而有效地克服撒谎行为。

2. 孝顺是美德——对女儿进行孝心教育

尊敬长辈是中华民族的传统美德，但是现在很多孩子被娇惯坏了，俨然成了家里的"小皇帝""小公主"。在这样的环境影响下，孩子没有了辈分观念，不仅对长辈缺少了基本的礼貌和尊重，更缺少了孝心和爱心。

场景一：

每到菁菁生日那天，妈妈都会给她买一个大蛋糕，做一大桌子菜，让她过一个快乐的生日。但是菁菁不知道妈妈的生日是哪天，也从来没有问过。

场景二：

这天，因为公司临时来了任务，妈妈晚上一直加班到9点才回到家。然而，女儿不仅没有问候一下妈妈为什么这么晚才回家，反而非常不满地对妈妈说："妈妈，你怎么现在才回来啊！我还没吃饭呢，你快去给我做饭吧。"

上面两个事例，都是在生活中发生过的，我们应该充分意识到，培养女儿孝顺长辈的好品质是非常必要的。

孝顺这种美德是会传递的，如果妈妈孝顺长辈，孩子看在眼里，也会孝顺妈妈。当然，除了要给女儿树立一个好榜样外，妈妈还要让女儿知道自己为这个家所付出的辛劳，这样，女儿就会更懂得孝顺妈妈了。如果家里有老人，可以让女儿为他们做一些力所能及的事，这样也有助于女儿养成孝顺长辈的好品质。

方法一：妈妈要以身作则

曾经有这样一篇报道：

一位年过八旬的老奶奶一生养育了六个儿女，到头来却无人为她养老，一个人孤单地在养老院里生活。中秋节那天没有一个儿女前去探望，甚至连个问候的电话也没有，老人非常凄凉。现在，儿女们连她住养老院的钱也不给出了，她已经生活不能自理，不知道以后该怎么办。在记者的采访过程中，老人的儿女个个都很委屈，数落老太太以前的不是，没有人主动提出要赡养老人……

乌鸦尚知道反哺，何况是人呢？谁都有老的一天，等老人的这六个儿女将来年迈时，他们的后代会如何对待他们？

妈妈是孩子学习的榜样，一言一行都会影响到孩子。所以，妈妈在和长辈相处时，一定要孝顺、体贴。有了妈妈的影响和带动，孩子会看在眼里，记在心上，最后也会养成孝顺长辈的好品德。

方法二：让女儿理解妈妈的辛劳

敏芬的妈妈是一家医院的护士，每天工作都非常累。有时候下了班，妈妈会对8岁的敏芬说："今天妈妈太忙了，胳膊有些痛，你快给妈妈揉一揉。"等敏芬给妈妈揉完胳膊，妈妈会对她提出表扬。时间长了，敏芬知道妈妈每天都非常忙，就不再吵闹着让妈妈带她去玩儿。有时候她还会对妈妈说："妈妈，今天你累吗？用芬芬给你揉揉吗？"

中国有一句俗语，叫作"不养儿不知父母恩"。现在很多孩子不知道孝敬妈妈，是因为他们不知道妈妈的辛劳，久而久之，把妈妈对自己的爱当作理所当然的事。一家晚报报道，一个地区数所小学联合进行了一个主题为"什么事让我最感动"的调查问卷。结果54% 的小学生认为"自己不是一个容易受感动的人"或者"我没有遇到让我感动的事"，在"你做过哪些让妈妈感动的事"一栏里，很多孩子都交了白卷。虽然父母对孩子的爱并不要求回报，但是父母应该让孩子知道父母为他们付出的努力和辛劳。这样，才会让孩子拥有一颗感恩的心，并对父母充满爱和敬意。

方法三：让女儿从小事做起

一天，我带女儿到同事家去玩儿，同事送了女儿一盒甜点，那是她老公去西班牙顺便买来的。回到家后，女儿打开包装就吃起来，并且不住地赞叹："真好吃，实在太好吃了。"我对女儿说："平时爷爷奶奶有好东西都留给你，现在你有了好东西是不是也应该让爷爷奶奶尝一尝？"女儿想了想，拿着那盒甜点走到爷爷奶奶的房间，对他们说："爷爷奶奶，我这儿有一盒好吃的甜点，你们尝一尝吧。"爷爷奶奶虽然没吃，但是女儿的行动让他们感到非常高兴，不住地表扬女儿。从爷爷奶奶的房间回来后，女儿又去吃那盒甜点，她吃着吃着，忽然好像想起点儿什么，走到我面前说：“妈妈，你也吃一块吧。”

以上是一个妈妈记录的一件生活小事。对于生活中的一件小事，这个妈妈不仅没有轻易放过，而且以它为“教材”，给女儿很好地上了一堂关于“孝顺”的课程。

在生活中，细节最能表达一个人的孝心。为长辈倒一杯水、捶一次背、亲切地问候一声、有好吃的东西让长辈先尝一尝……这都是孝心的表达。所以，妈妈在培养女儿的孝心时也要从细微之处入手，这些点滴小事不仅可行，还可以持之以恒，让女儿养成习惯。等这种习惯一旦养成，她也会成为一个孝顺的孩子。

另外，在培养孩子孝顺美德的过程中不要用命令的口气，也不要强迫孩子去做，妈妈应该和颜悦色地和孩子说话，并且最后对孩子提出表扬和赞赏。这样，孩子才能够在孝顺长辈的过程中体验到快乐和满足，从而更愿意去孝顺长辈。

3. 感恩才会幸福——让女儿学会感恩

苏联著名的教育家苏霍姆林斯基曾说：“良好的情感是在童年时期形成的，如果童年蹉跎，失去的将无法弥补。”因此，越早对女孩进行感恩教育越有利于培养她的感恩之心、爱心、同情心。

有一个妈妈是这样做的。

平时，无论我和老公的工作有多忙、多累，都会在假期带上女儿去看望我们双方的老人；等到春暖花开的时候，我和老公也会抽出时间，带上女儿一起陪老人去外面走走，看看大自然美丽的景色，拍一些照片，一家人围坐在一起聊聊天；逢年过节或者老人生日时，我们会和女儿一起为老人选购礼物；我们告诉女儿，吃饭时要让长辈先吃；如果家里有朋友送来的食物，要给老人留出一份等。正是我们这种对长辈的关爱言行，在不知不觉中慢慢影响着女儿，使她也成了一个懂得感恩和关爱他人的好孩子。

家庭是女孩人生的第一课堂，父母就是她的第一任老师。父母身上的情绪、习惯、性格、品德等都会在日常生活中对女孩产生潜移默化的影响。因此，培养女孩感恩的美德，父母就要做到感恩亲人、朋友、社会、大自然等。

一个不懂得感恩的女孩，是无法去爱别人的。作为妈妈，应该让不懂得怎样去爱，还不会去爱的女孩感受到爱的力量。那么，哪些教育方法可以帮助妈妈培养女儿的感恩之心呢？

方法一：让女孩观看一些有关“感恩”的影片、电视节目

一个妈妈这样讲述自己的育女经验：

每天在工作和家庭中繁忙奔走，这让我感到一种压力，但这些身体上的折磨我都可以忍受，唯一让我无法忍受的是女儿对我的态度。人们常说“女儿是妈妈的贴心小棉袄”，可我并没有感受到这件“小棉袄”的温暖，相反随着女儿年龄的增长，她对我总是有很多不满：“妈，你做饭怎么这么难吃，我不吃了！”“妈，你太唠叨了，让我清静一会儿！”“你管得太多了！”……女儿的不理解也许有一部分原因确实是我的过错，但她不懂得体谅妈妈的心，让我很难过。

为了让女儿懂得感恩，周末我会尽量带她去看一些有教育意义的影片，平时在家里看电视，也尽量引导她去看一些感人的电视节目。没想到，一段时间后，事情真的朝好的方向发展了。女儿由最初的反感、抵触，到后来慢慢愿意接受，现在是主动注意有哪些好

看的影片，然后和我一起去看。

女儿的转变还不止于此，她现在对我的态度好了很多，还会偶尔帮我做家务，这在以前是根本不可能出现的。最近这两天，她又想学做菜，至于原因用她的话说就是："老妈，你的厨艺实在有待提升。不过，我学会之后，你们就可以天天享用美食了。"我想女儿这一切的转变，和我让她时常去看那些教育影片和电视节目是分不开的。

如今，很多孩子都存在感恩心理缺失这一现象，她们往往习惯以自我为中心，对于个人之外的人和事物，都表现得比较自私、冷漠和霸道。要想改变女孩的这种状况，妈妈平时可以有意识地让她观看一些关于"感恩"主题的影片和电视节目，以便让她在深受感动的同时反省自己。

方法二：时常带女孩参加慈善捐助

捐款箱、捐助晚会、慈善义卖活动……这些大多以集体形式出现的公益行为时常会出现在人们的日常生活中。事实上，感恩教育的宗旨就是要让孩子亲身去感受来自他人的伤痛、感动，进而触动她的情感神经，并最终促使她伸出自己的友爱之手去关爱他人。

8岁的艳艳有一个很胖的小猪存钱罐。妈妈对她说，等她的"小猪"装满硬币的时候，她就可以买那个最喜欢的娃娃了。所以，每天她都很乖地帮妈妈打扫卫生，帮爸爸整理书房，因为这样她就可以赚取一定的酬劳，来充实自己的存钱罐。

有一天，妈妈带着她参加一个为救治白血病儿童的捐助活动，让艳艳的小猪存钱罐变"瘦"了，但她一点儿也不伤心，因为妈妈告诉过她，小姐姐的病治好之后，光秃秃的头上就会和她一样长满黑黑的长发，但小姐姐没有钱治病。艳艳希望那个生病的小姐姐能和她一样有漂亮的头发，于是，她就把自己存钱罐里的钱都取了出来，并全部投进了捐款箱。虽然那都是一角一元的硬币，加起来也没有多少钱，却是一个小女孩最真挚的关爱之心。

所以，妈妈可常带女孩去参加一些慈善捐助，让她从小就懂得贡献自己的力量去帮助那些有困难的人。

4. 不要斤斤计较——让女儿拥有一颗宽容的心

一天，在一个非常著名的度假村，工作人员带着很多孩子在广场上做游戏。等到游戏结束之后，工作人员就把这些孩子都带往他们各自家长的身边，但由于孩子太多，工作人员一时疏忽，竟然将一个小女孩留在了广场上。等到这名工作人员发现孩子人数不对，急忙回广场接孩子时，那个小女孩由于害怕而大哭不止。

工作人员满脸歉意地安慰着小女孩。这时，小女孩的妈妈也焦急地赶了过来。只见这个妈妈蹲下来安慰自己哭泣的女儿，并告诉她："宝贝，已经没事了。你看，那个姐姐因为找不到你而非常着急，她不是故意的。好了，去亲亲那个姐姐的脸颊，安慰她一下！"于是，这个只有4岁的小女孩踮起脚尖，轻轻地亲吻了一下她身旁那名工作人员的脸颊，并温柔地告诉她："姐姐，别怕，我已经没事了！"

如果你是这个小女孩的妈妈，你会怎么做呢？莎士比亚说过："宽容就像天上的细雨滋润着大地。它赐福于宽容的人，也赐福于被宽容的人。"因此，妈妈应该教女孩学会宽容和原谅。

方法一：让女孩学会换位思考

一个妈妈这样谈到自己的育女经验：

你是怎么办事的！吓坏我女儿怎么办？
妈妈，我害怕！呜呜……
对不起，我真的不是故意的！
宝贝，已经没事了。你看，那个姐姐因为找不到你而非常着急，她不是故意的。好了，去亲亲那个姐姐的脸颊，安慰她一下！
姐姐，别怕，我已经没事了！
对不起，我真的不是故意的！

有一次，我给女儿买了一本杂志。本来早上她高高兴兴地拿着去上学了，可是放学之后就气呼呼地把自己关进了房间。吃晚饭的时候，看女儿还是一脸不高兴，我就问她是怎么回事。女儿说：“今天下课后，我正在津津有味地看着那本杂志，可是我的同桌小敏起身的时候把水都洒到了我的杂志上。虽然她跟我道歉了，但我还是很生气，我要她赔我的杂志。而且我觉得她是故意的，根本就是忌妒我！哼！”此时，我非常严肃地对她说：“如果你犯了同样的错误，你的同桌对你大喊大叫，还让你赔，你舒服吗？”

女儿想了想，不情愿地说：“我——我是有些难受，可做错事的是她，不是我。”我耐心地对女儿说：“世界上没有完美的人，谁都有不小心犯错误的时候。你难道不记得前天我刚买的茶杯，就让你不小心打碎了吗？”这时，女儿不好意思地低下头。接着我又告诉女儿，要宽容、友好地对待他人，不要斤斤计较，尤其是对待自己的同学、朋友，更要大度。这次谈话对女儿的影响很大。从此之后，她逐渐懂得了宽容的含义，并在自己的生活中试着去宽容、理解他人。

所谓换位思考，是指当双方产生问题及矛盾时，能够多站在对方的角度思考问题，进而学着理解对方，减少彼此间很多不必要的问题及矛盾。现实中，很多女孩只习惯于从自己的立场出发，而不习惯于站在对方的角度看问题。作为女孩的妈妈，要让女孩学会换位思考，然后用一颗宽容博大的心去容纳他人。

方法二：让女孩多与同伴交往

在一所学校里，有这样两个女孩。女孩A非常普通，是那种走进人群就很容易被湮没的类型。但就是这样一个女孩，却受到很多男孩的欢迎，并且很多女孩都是她的好朋友。女孩B无论从学习成绩，还是容貌，都比女孩A强很多，但她始终不明白，为什么自己不受同学们欢迎。

一次偶然的机会，女孩B听到了几个女孩对自己和女孩A的评价，才意识到自己不受欢迎的原因。那些女孩说："B总是自以为是，我们有一点儿问题，她都不能容忍，总是尖酸刻薄地对待我们，让我们在她面前自惭形秽。可A就不同了，她豁达开朗、宽容大度，跟她在一起，你得到的是快乐和轻松，而不需要处处小心谨慎。"

看了这两个女孩的故事，想必没有妈妈愿意把自己的女儿培养成B那样的孩子，而是愿意自己的女儿和A一样，受到大家的欢迎。所以，妈妈应鼓励女孩多和同伴交往，并且学会多称赞别人的优点，庆贺同伴的成功，不忌妒、不怨恨自己的朋友，愿意帮助有困难的伙伴、采纳他人的合理建议等。

5. 谦虚使人进步——保持谦虚才能受人欢迎

谦虚是一种难能可贵的美德，是女孩进取和成功的必要前提。谦虚的女孩更容易博得大家的好感，而骄傲自大的女孩目中无人，谁也看不起，自然也很难交到知心朋友。

生活中，很多女孩被家人宠着，得到了太多的夸奖和称赞，慢慢变得飘飘然起来，变得骄傲自大了。作为妈妈，要想让女儿谦虚，一定要注意夸奖女儿的方法，而且要让女儿全面地认识自己，认识到骄傲的危害性。

那么，妈妈具体应该怎样引导女孩保持谦虚的品德呢？

方法一：帮助女孩全面认识自己，正确衡量自己

12岁的枝枝是班上的文艺委员，不仅歌唱得好，而且舞跳得

棒。有时午间休息，枝枝都要站在讲台上领唱，教同学们新歌，这让她很得意，于是常常不把同学放在眼里，尤其是五音不全的同桌丹丹。枝枝经常在妈妈面前说丹丹笨。这天，妈妈听见女儿又这样谈论丹丹，于是对女儿说："枝枝，你不能这样说丹丹，会伤害她的自尊心的。再说，每个人都有自己的优点与缺点，丹丹虽然歌唱得没你好，但是学习成绩却比你强，人家怎么从来都没有说过你笨，而且总是到家里来教你做作业呢？" 枝枝听后，一言不发地回到房间里。从那以后，她再也不说丹丹笨了，而且常常跑到丹丹家，教她唱歌、跳舞。

一般来说，女孩的骄傲来源于某一方面的优势或特长，但这些因素可能会让女孩过高地评价自己，认为自己比谁都强，只看到自己的长处，却看不到自己的短处，并且总是拿自己的长处和别人的短处相比。这样，女孩就容易狂妄自大，不会设身处地地替别人着想。

作为妈妈，应该让女孩全面认识自己，既要让她看到自己的优点，也要看到别人的优点，让她意识到每个人都不是完美无缺的，并要明白"天外有天，人外有人"的道理。当女孩能够正确衡量自己，就不会产生骄傲、自满的情绪了。

方法二：注意自己表扬女孩的方式

一般来说，虽然表扬能让女孩树立自信，但对女孩的表扬也并非多多益善。表扬女孩是一门艺术，妈妈要掌握正确的方法，如果方法不得当，不仅不会起到积极的效果，反而会让女孩滋生骄傲、自满的情绪。

表扬的目的是让女孩明白哪些行为是好的，哪些行为不好，并逐渐养成良好的行为习惯，所以表扬最重要的原则是：针对事，而不应针对人。

在生活中，表扬要从小事开始，要从细节做起。当然，表扬方式应因人而异。如果妈妈长时间重复一种表扬方式，即使再好的表扬也会失去效用，所以表扬也应有新意。

同时需要注意的是，如果妈妈经常在亲朋好友面前炫耀自己的女儿，那么女儿就容易认为别人都不如自己，从而产生自负心理，导致她看不起别人。因此，妈妈应当尽量减少当众表扬女儿的次数，以免让她形成骄傲、自满的情绪。

方法三：让女孩明白，保持谦虚才能受人欢迎

一个妈妈这样谈到自己的育女经验：

我女儿蜜蜜上初中一年级，刚进班的时候女儿表现很出色，回答问题也非常积极，后来被班上同学选为班长，她很得意。但是，没过多久，班主任就告诉我，蜜蜜最近上课总是不听讲，自己玩儿，而且人变得特别骄傲，同学向她请教问题，她总是不屑一顾。

回家以后，我决定与女儿谈一谈。我对女儿说："蜜蜜，你知道为什么你能当上班长吗？"蜜蜜想了想，说："因为我成绩好、人缘好。"我说："是啊，那都是你以前勤奋努力换来的，但是你现在光顾着去享受这些成果，而没有继续保持，下次你还能被选上吗？"女儿羞愧地低下了头。我继续说："如果你身边的朋友取得成绩后对你态度不好，那你下次还会选他吗？"女儿摇摇头。过了一会儿，女儿对我说："妈妈，我知道了，我以后不会这样了。"

取得了一点儿成绩并不是骄傲的理由。妈妈要让女儿认识到，只有保持谦虚的学习态度，才能拥有更好的人缘；只有知错能改，才能不断进步；只有不懈努力，才能有更好的发展。

第八章

高情商，让女孩拥有健康的心理

1. 解开女孩爱说谎的心结

儿童心理学家通过研究发现：有的女孩有说谎的行为，但是这种行为并不一定都是不诚实的品质问题，导致女孩说谎的原因有很多：

孩子认知能力的发展还未成熟。

为了引起他人的注意。

父母不诚实行为及不当教育方式的影响。

接受别人的暗示。

为了达到某种愿望。

为了逃避某些事情。

因害怕被训斥和打骂。

……

妈妈要想纠正女儿说谎的行为，就必须先了解孩子说谎的具体原因和目的。假如女孩说谎只是虚荣，希望获得他人的注意、小伙伴的认同、表现优越感，那么妈妈最好的应对方式就是倾听并加以适时引导，让女儿意识到说谎的坏处。

在面对说谎的女儿时，妈妈最不应该的做法就是给孩子贴上“爱说谎”的标签，或者大声指责孩子不诚实。因为孩子一旦自认为自己是个爱说谎的孩子，那么说谎对于她来说就是理所当然的事情了。到那时，妈妈再想改正女儿的这种说谎行为，一定会难上加难。

随着年龄的增长，女孩说谎的技术也会越来越“高明”，尤其是当她说谎得逞又逃过处罚，那么谎话会越说越多。孩子第一次说谎心中的犹豫最强烈，还会自问该或不该，一旦说谎成为习惯，再

你是不是又说谎了？不承认的话晚上就不要吃饭了！
你真是一个不讲理的妈妈！
妈妈给你讲个故事吧！故事的内容是这样的……
对不起，妈妈，我说谎了。我也要像故事中的女孩一样做个诚实的好孩子。

改就会很难。因此，改正女孩的说谎行为越早越好。

方法一：女儿说谎时，妈妈不要扮演“警察角色”

一个妈妈苦恼地在日记中写道：

我真是没想到，我的女儿现在竟开始偷家里的钱了。前两天，我放在包里的一张购物卡不知道怎么没有了，我还奇怪地问女儿，她说不知道。昨天，我放在包里200元钱，可到用时发现就剩100元了。我恍惚记得女儿进过我的房间，出来时神态还有些慌张，就去问她。开始的时候她还不说，后来我说：“我包里的钱是不是你拿的，如果你拿了也没关系；但如果不是你拿的，就有可能是做饭的阿姨拿的，我就要报警了。”女儿这才承认是她拿的，而且说出前两天那张购物卡也是她拿的。我问她为什么要那么多钱，女儿竟然说跟同学借了很多钱，还不上。我问她为什么借那么多钱，她说用那些钱上网、买衣服、请同学吃饭等，而且她开始变得厌学、逃学，对父母和老师经常说谎。面对这个让我又气愤又失望的女儿，我实在不知道该怎么办了。

其实，不管是什么原因导致女孩说谎，她说谎的目的往往是逃避惩罚或争论。因此，妈妈不要以成人的判断，认为“这孩子的道德品质出了问题”，更不要扮演成“警察角色”逼问孩子。

女孩犯错、说谎在她的成长过程中可能都会出现，妈妈要学会接纳，不要天天盯着女儿哪里不好，更不要一见到她就批评。其实，孩子犯错心里已经很难受了，妈妈应该给予理解，或者在维护孩子自尊的前提下提醒她注意，孩子自然会反思，因为没有一个孩子会喜欢那种因说谎而每天忐忑不安的心情。

方法二：批评、惩罚、奖励、关怀、理解，一个也不能少

女孩说谎犯了错，妈妈在批评孩子时也要讲究方法：

首先，妈妈要对女孩讲明道理。妈妈可用通俗易懂的话，或者简单的故事、生动的案例，必要时可以用夸张描述、做实验等方法给女儿说明说谎的害处。

其次，妈妈还要掌握科学的惩罚法。惩罚的最好办法是取消女儿的某项权利，比如，得到某种东西的权利、玩耍的权利，但不是吃饭、睡觉等基本生活权利，而且，这种取消要有时间限制，要适可而止。

当然，有罚也要有奖。当女儿撒谎后承认自己犯错时，妈妈要肯定和赞扬女儿这种勇于承认错误的行为，然后和颜悦色地引导，并对她的各种需求表现出关怀和理解。

2. 引导女孩走出抑郁的阴影

有关专家提出，中国约有20%的孩子有抑郁症状，其中4%为临床抑郁，即需要接受临床治疗的重症抑郁。可见，抑郁症正严重威胁着中国青少年的心理健康，让孩子稚嫩的脸上失去笑容，让欢乐的家庭布满阴霾。

一般来说，孩子的抑郁大多表现为情绪低落、闷闷不乐、思维迟缓、反应迟钝等。抑郁的女孩很容易在认识上表现出负性的自我评价；在生理上表现出明显的不适感，食欲下降或是食欲猛增，失眠或是过度嗜睡等；在动机上表现出对各种事物缺乏兴趣，依赖性强。如果女孩过分抑郁，可能会导致抑郁症。那么，作为妈妈，如何帮助女孩赶走抑郁情绪呢？

方法一：引导女孩转移调节

所谓转移调节，就是根据自己的要求，有意识地把已有情绪转移到另一方面上，使消极情绪得以缓解。简单来说，就是当女孩情绪低落的时候，妈妈寻找一些令她开心或是振奋的事情。例如，给她讲笑话，带她出去运动、旅游等，让愉快的活动占据女孩的时间，用积极的情绪来抵消消极的情绪，随着时间的推移，她心中的抑郁也会被转移和调节。这样一来，女孩就不会一个人沉浸在自己的世界里，或陷入情绪的“死胡同”而无法自拔了。

方法二：对女孩进行目标激励

有一个妈妈向儿童心理医生讲述了女儿的情况：

我女儿上小学三年级，我发现这段时间以来，她不做作业，不去辅导班上课，也不想去学校。不仅如此，女儿的脾气也变大了，动不动就和家人大吵。有一次，我送她去上学，结果她竟然绕过我不愿进学校。老师家访时，她就说头痛。我带着她到医院检查身体发现没有任何器质性异常，医生认为我女儿可能患了儿童抑郁症。

由此可知，当女孩被抑郁情绪困扰时，她就变得什么也不想做，什么也不愿想，没有目标和方向，处于一种迷茫状态。这时，妈妈应为女孩树立目标，最好是一个短期目标，使她有方向感，不会感到无事可做。当然，妈妈在引导女孩树立目标的时候，一定要根据女孩的实际情况而定，帮她树立在近期内能够完成的目标，否则效果也不大。

方法三：教女孩宣泄自己的负面情绪

罗兰在《罗兰小语》中写道：“情绪的波动对有些人可以发挥积极的作用。那是由于他们会在适当的时候发泄，也会在适当的时候控制，不使它们泛滥而淹没别人，也不任它们淤塞而使自己崩溃。”所以，教女孩学会适当地宣泄负面情绪对她很有帮助。

宣泄情绪的方法有很多种，如哭泣、大喊、倾诉、运动等。适度的宣泄可以让女孩将心中的不愉快释放出来。所以，当女孩心中抑郁、烦闷时，妈妈要教导女孩向老师、同学、家长以及兄弟姐妹诉说，也可以用写日记等方式进行倾诉，当然也可以大哭一场，或者出门运动，出出汗，使自己精神振奋。

不过，妈妈一定要告诉女孩，在宣泄自己情绪的同时，要注意时间和场合，不要伤害到别人。

3.远离虚荣的女孩更美丽

很多妈妈反映，随着女孩长大，虚荣心也变得越来越强，穿衣服非名牌不穿，手机要最新款，还总与同龄人互相攀比。攀比的内容从吃喝用到零花钱数量，甚至妈妈的工作、所开汽车的品牌，都成了女孩们对比的话题……

一般来说，女孩的虚荣心理，常表现为下列几种攀比行为：比美，要买新衣服、新鞋子就是为了跟别人比较；比富，常夸耀自己家的电子产品多么高级，妈妈的职业多么令人羡慕等；比能力，认为自己什么都会，只听得进去表扬和赞美，受不了批评，否则大哭大闹，失去心理平衡。

柏格森说过：“虚荣心很难说是一种恶行，然而一切恶行都围绕虚荣心而生，都不过是满足虚荣的手段。”因此，妈妈应想办法纠正女儿的虚荣心。具体来说，有以下几种方法可以尝试。

方法一：创造机会，让女儿通过努力获得想要的东西

一天，女儿来到妈妈的房间说：“妈妈，我想要一辆自行车！”妈妈不解地问：“为什么突然想要自行车？”女儿说：“张

梅她们每天都骑自行车回家，而且能锻炼身体！”妈妈想了想说：“这个要求我可以答应，但你接下来两个月要负责家里的家务，晚上要洗碗，这就当你为那辆自行车分期付款，你同意吗？”女儿略微思考了一下，欣然答应了。

从这个事例我们可以得出，如果女儿的要求是合理的，那么你完全可以为她创造一些机会，让她靠自己的劳动“挣钱”，购买所需要的东西。如上例中的妈妈一样，让女儿做家务，或者帮助爷爷浇花，帮爸爸擦鞋等。要让女儿明白，一分劳动一分收获，张口向妈妈要钱不如靠自己的劳动实现愿望更有意义。

方法二：要客观地评价女儿

女孩会变虚荣，很大一部分原因是妈妈不客观的评价造成的。例如，女儿完成了一件很小的事情，妈妈就把她当成神童、天才看待。其实，妈妈不应该过分夸大女儿的优点，也不要掩盖女儿的缺点和失误。对那些符合道德规范的行为，妈妈应给予女儿适度的表扬，而太多、太频繁的表扬会使女儿认为这些并不是她应该做的，既然做了，就应该得到奖励。渐渐地，女儿就会养成虚荣的坏习惯，而且越来越严重。

另外，对于女儿的缺点妈妈要及时指出，帮助她分析原因，并鼓励其逐渐克服。不要让她以为自己无所不能，无人能比。

4. 别让嫉妒的毒刺在女孩心里扎根

在女孩中间存在嫉妒心理，父母的娇惯也在一定程度上造成了她们以自我为中心的心理，认为所有的人都应该向着自己、关注自己，好东西都应该是自己的。心理调节能力差、社会经验不足、过分羡慕他人、渴望得到师长重视和周围人的羡慕等，这些都是造成女孩嫉妒心理的因素。

很多女孩，当她们看到别人有自己所没有的东西，包括衣服、玩具，甚至是受欢迎程度和能力等，都可能会诱发嫉妒心理。有些妈妈认为，这种表现会随着孩子年龄的增长而自然消失，但教育专家指出，过分嫉妒会影响女孩正常的心理发育，使她们在自己与别人的对比中感到自卑，妨碍孩子的自信心和自尊心的建立。

通常来说，只要很好地教育引导，便可以将女孩的嫉妒转变为动力，激发她发奋上进，培养其健康的性格和良好的品德。相反，如果不能很好地引导，就可能影响孩子的健康成长。那么，妈妈应如何帮助女孩远离嫉妒呢？

方法一：关注女孩的暗示，并表示同情和理解

小女孩很难控制自己的情绪，对于妈妈来说，观察女孩的行为方式、掌握女孩的情绪趋向并不难。当女孩嫉妒心理爆发的时候，她的行为经常会出现相应变化，如搞破坏、哭泣或者说嫉妒对象的坏话、爱打小报告等。有时嫉妒心理也会反映在女孩的心理和身体方面，如难过、焦躁、情绪低落、胃疼、浑身无力……这时，妈妈需要对女孩表示同情和理解，并倾听女孩内心的想法。

一天，爸爸带着6岁的儿子玩秋千，站在一边的4岁女儿委屈地哭了起来，这时妈妈走过来对女儿说："看，爸爸一直陪着哥哥玩儿，把我们都冷落在一边了，这真不公平，对不对？"女儿点点头。于是，妈妈便对她说："我知道你嫉妒，是不是？不过这没什么。你看，妈妈现在不正陪着你吗？"接着，妈妈开始安抚女儿的情绪，不一会儿，女儿就开心起来。

当女孩嫉妒心爆发的时候，她们需要的往往不是欲望的满足，而是妈妈耐心的倾听以及对她们内心感受的理解。所以，妈妈应该时刻注意这一点。

方法二：尽量不要拿女儿与别的女孩进行比较

很多妈妈可能注意不到，在你谈论其他孩子时，一句无心的话，或者只是一个微笑、一个眼神、一个耸肩的动作，甚至抬一抬眉毛，都可能被女儿解读为比较。尤其当她们自认为在某方面没有别人做得好的时候，就很容易诱发对他人的嫉妒。

有一个妈妈就曾遇到这样的情况：

一天，我跟秋秋妈妈说，秋秋的卷发很可爱，可惜我女儿的头发是直的。没想到，第二天，我女儿就要求我带她去美发厅把头发烫成卷发！我一下子意识到是自己的评价引发了女儿的嫉妒心。从此之后，我再也没有评价过女儿的头发，同时非常注意不拿女儿和别的孩子做比较。

方法三：帮助女儿发现自己的长处

缺乏自信心的女孩总喜欢强调自己的弱点，而那种低人一等的感觉更容易引发她们的嫉妒心理。因此，妈妈必须帮助女儿建立自信。如女孩在音乐方面有天赋，妈妈就应该多多鼓励；每当女孩自己解决了一个问题或者取得了一点儿进步，哪怕只是背会了一首唐诗，妈妈也应该让她知道你注意到了，并且为她而感到骄傲。

有关专家指出，当女孩为自己感到骄傲的时候，她更容易接受别人在某方面得到比自己更多的关注。这种自信不但可以帮助女孩克服嫉妒心理，更有利于她塑造自我，这才是真正值得别人艳羡的资本。

5. 克服心理压力，赋予女孩心灵动力

美国心理学家华生说过："适当的压力有助于提高孩子学习的动力，但是过度的压力则会使孩子身心俱疲，反而降低学习效果。"事实的确如此，过度关爱、期望过高、学习压力过大，是导致女孩心理失衡的重要原因。4 岁弹钢琴，6 岁学绘画，7 岁请家教，8 岁入题海；回家有做不完的作业，双休日有补不完的课；有的女孩考了九十几分，招来的还是妈妈的一顿责骂……

有研究表明，在中小学生中存在厌学、考试焦虑、青春期烦恼等心理问题。有不少孩子还存在性格孤僻、任性和懒惰等问题。对孩子来说，妈妈是最重要的影响力量。因此，妈妈应该重视对女孩进行情商教育，及时帮助她克服心理上的压力。这里，给妈妈提供一些方法，相信对缓解女孩的心理压力会有帮助。

方法一：指导女儿正确面对得失

有一个妈妈的育女经验是这样的：

我的小女儿妙彤上小学五年级。有一次，老师推荐她去参加市里的演讲比赛，女儿显得非常紧张。

我觉察到女儿的异常后，便对她说："妙彤，不要担心！只要你努力过就没什么可遗憾的，我们做事结果并不重要，重要的是过程。"女儿听了之后，立刻就释然了。她告诉我说："妈妈，我会认真地面对比赛，尽力发挥自己的水平，最后的结果我不在意。"

世界上没有永远的成功，也没有永远的失败。如果女孩对成功有着偏执的追求，只注重结果，那很容易让她产生心理压力，甚至导致功亏一篑。

因此，妈妈要指导女儿正确面对得失，做到处乱不惊。这样，她便能正确地缓解压力了。假如女孩害怕挫折和失败，妈妈就要用科学的方法引导她，例如，给她讲一些名人的例子或者身边的榜样等。

方法二：认真倾听女儿的心声

倾听，是妈妈了解女儿内心压力的最有效途径。很多时候，面对心理压力大的女孩，妈妈不需要多说什么，只需要做一个好的倾听者，去用心、细致地了解女儿的心理压力是什么，那些压力来自何处。

当然，要做个好的倾听者，妈妈必须多和女儿在一起，多与女儿交谈，做女儿的知心朋友，站在同情者和指导者的位置上试着打开女儿的心扉。只有这样，妈妈才能了解女儿心里所想，并帮助她解开心结。

方法三：帮助女儿制订一份学习计划

在这个世界上，每个人都会有烦恼、压力，也都会遇到一些暂时无法解决的问题，女孩也是如此。作为女孩的妈妈，要帮助女儿正视自己的问题，让她从消极情绪中解脱出来。妈妈还要着手帮助她制订一份学习计划，以此应对她学习和生活中遇到的问题。计划会让女儿的生活变得更有条理性，也会提升她的自信心，这样一来，孩子的心理压力自然会减少很多。

6. 别让任性成为女孩的习惯

有时女孩任性、执拗、不听话，往往令妈妈很头疼，以至于有的妈妈会答应女儿的不合理要求，以求得耳根清静；有的妈妈干脆采用冷落、打骂的方法，但这并没有达到预期的效果。

一个妈妈对教育专家这样描述自己的女儿：

我女儿柯灵聪明伶俐，对人热情，模样也很可爱。可是有一个缺点——任性，无论在学校还是在家中，她都表现得非常任性，如果不依她，她就给你脸色看，不达目的不罢休。据老师反映，其他同学都好好地坐在教室里上课，只有柯灵常常逃课。等老师找到她后问她为什么要在上课时间不声不响地离开教室时，她就无所谓地说："我想出去就出去，你管得着吗！"和同伴一起玩儿的时候，因为女儿总想按照她自己的意思玩儿，或让大家都听她的，如果别人不同意，她不是骂别人，就是在背后说别人的坏话，结果很多同学都不愿和她交朋友。

其实，女孩性格的形成与发展主要受到后天环境和教育的影响。不恰当的教育方法自然会让女孩变得任性。那么，有哪些方法可以改掉女孩任性的坏毛病呢？

方法一：正确运用冷处理教育法

12岁的薇薇是一个非常任性的女孩。在家里，爸爸妈妈什么事都要依着她，要不然她就会没完没了地吵闹下去。因为每天都长时间看电视，薇薇的眼睛有些近视，妈妈劝她多休息少看电视，她随口就说："我想看就看，不用你们管！"前两天家里来了客人，妈妈做好饭后，让爸爸和客人先吃，把薇薇放到了后面。这下薇薇不高兴了，当着客人的面就摔了筷子，气得妈妈直跺脚："你这孩子太任性了，真是快把我气死了！"

其实，面对任性的女孩，可以使用冷处理教育法。女孩的固执任性往往是为了引起妈妈的注意，因为她知道妈妈疼爱她，她一发脾气或哭闹就会使妈妈心软，进而满足自己的要求。一旦她有了

你想吃口香糖？可口香糖不适合小孩子吃，妈妈不能给你买。
我就要买！我就吃！
你想吃口香糖？妈妈可以给你买，但是吃多了会对牙齿有影响。上次你的牙齿痛，是不是很痛苦呀？
哦！那我不吃口香糖了，要不牙齿又该痛了。

"看你也拗不过我"的意识，女儿任性的毛病就不容易矫正了。

女孩有时虽然很冲动，但她也懂得察言观色。当她看到妈妈态度坚决，自己的任性行为不起作用时，就会自动放弃自己的无理要求。这时，妈妈不妨抓住时机，对女儿进行引导，告诉女儿这种行为为什么是不对的和怎样做才是对的，并针对女儿任性的原因提出几条具体要求。当女儿能达到这几条要求时，就要适当满足她的某种合理要求，这样下次她再有要求就不会采用任性的方式了。

方法二：妈妈不要过分迁就女儿

有一个妈妈苦恼地对友人倾诉：

我13岁的女儿非常任性，经常不达目的不罢休。有一次走亲戚，女儿看到表姐有一块会闪光、又会发出音乐的手表，回家之后就缠着我要一块同样的手表。但当时已是深夜，不可能买到。女儿却并不理会，又哭又闹。"看见什么都想要，你太任性了！"我只好大声斥责女儿，没想到她哭声更大了，最后我只好答应她第二天商场一开门就去给她买同样的手表。

现在很多女孩都是家里的"掌上明珠"，更何况在人们心目中，女孩就应该得到家人更多的爱护。所以在现实生活中，很多妈妈都过分娇惯和迁就自己的女儿，即使女儿提出一些不合理的要求也答应下来。正是妈妈无原则地迁就，让女孩形成了骄纵任性的心理以及行为定式。

因此，在和女儿相处时，妈妈应该与其"约法三章"：当女儿有了某种要求时，应该和妈妈讲道理，而不是用任性的方式，如顶嘴、哭闹、绝食等逼妈妈就范。如果女儿不同意妈妈的意见，可以和妈妈进行讨论，也可以请其他家庭成员发表看法，但是不能发脾气、耍小性子。

7. 焦虑是一种常见的情绪障碍

和同龄女孩比起来明显胆小、怕人，喜欢黏着妈妈，一旦离开妈妈，就表现出莫名的恐惧和紧张；

爱做一些咬指甲、抓挠皮肤或头，揪头发、磨牙等以前不做的小动作；

情绪烦躁，容易哭、爱发脾气、难安抚；

不愿上学，经常找借口说自己肚子痛、头痛；

出现严重的身体不适，如心悸、呼吸困难、手抖、出汗、恶心、尿频、昏倒、胸闷等；

入睡难，失眠，经常做噩梦；

注意力不集中，拒绝反应强烈；

……

以上这些，都是女孩典型的焦虑症状。焦虑是一种较常见的情绪障碍，会让女孩感到恐惧、烦躁、紧张、痛苦，严重时还伴有生理反应。过度的焦虑往往会影响女孩的智力发展，并且容易诱发抑郁、孤僻、自卑等心理疾病。因此，妈妈发现女孩出现焦虑情绪后，应予以科学引导，以便孩子尽早摆脱困扰。

通常情况下，多数人的焦虑体验是暂时的，而且具有一定的防御作用，一般来讲，焦虑并不会对人体产生太大的影响，但是当焦虑变得日益严重并影响女孩的日常生活时，妈妈就要注意了。下面就给妈妈提供一些有关的教育方法。

方法一：对女儿的期望与要求要合理

生活中，有的妈妈会对女儿提出这样那样的要求，但妈妈一定要注意提出的要求要顺应女儿的生理和心理特性，否则可能会对孩子产生不良影响。

另外，妈妈要学会尊重和理解女儿，多站在孩子的角度看问题，对女儿不要太苛求。尤其是当她未达到要求时，妈妈千万不要嘲讽挖苦或者冷漠相对。这样会使女孩感到压抑，或是出于逆反心理而对抗，从而加重她的焦虑。妈妈应给女孩一定的自主权，与她谈话时应平等讨论。假如女孩的自尊心很强、脾气倔强，妈妈千万不要用命令、训斥的口气，甚至采用粗暴和强制的方法，而应该耐心教育、科学引导。

方法二：创造和谐宽松的家庭环境

一个轻松、自由、和谐的家庭环境是防止女儿过度焦虑的有效保障，而妈妈有责任和义务提高自己对女儿的管理、教育能力，并及时发现和解决女儿身上的问题。

所以，妈妈要尽量每天抽出时间与女儿谈心，这不但会拉近妈妈与女儿的距离，而且会增进母女感情。如果妈妈想要把女儿培养成自信、豁达、活泼、开朗的人，就要做到这些：创造整洁、有条理的家庭环境；家庭成员之间要保持和睦、民主，营造一个良好的生活环境和家庭氛围。这也是让女儿远离焦虑、实现健康成长的重要条件。

方法三：帮助女儿正确地认识自我

假如你的女儿容易紧张、焦虑和恐惧，那你一定要引起重视，帮助她清醒地认识自我。因为，很多时候小女孩的焦虑并不是由真实的困难造成的，而是不合理的消极思维和猜测夸大了困难，令她在内心低估了自己的能力。

因此，妈妈应帮助女儿解除不必要的担忧，教会她合理思维。

例如，对那些胆小怯懦、优柔寡断的女孩，妈妈应多给予其鼓励和肯定，促使她尝试探索、冒险和犯错，不要惧怕承担责任。

8. 自信的女孩才是最美丽的

自信是一种修为，也是女孩获得成功的要素之一。很多人都有这样的共识：自信的女孩才是最美丽的！

《一个都不能少》是张艺谋导演的代表作，也是大家熟知的一部电影。片中女主角的扮演者魏敏芝是一个普通的农村女孩，她正是用自己的自信获得了张艺谋导演的青睐，并且从此改变了自己的人生。

张艺谋导演到河北某偏僻农村拍摄影片，当地人没见过拍电影，都跑出来看热闹。张艺谋对着围过来看热闹的村民说："你们想不想拍电影，要想就站出来。"他一连问了几句，村民们没有一个人吱声，甚至还后退了几步。

这时候，一个女孩站了出来，大声说："我想去。"这个女孩长相并不漂亮，红红的脸蛋上透着一种山区孩子特有的淳朴。

张艺谋盯着她，问道："你会唱歌吗？"

女孩非常大方地说："会。"

"那就唱一首。"

"行！"女孩开口就唱，"我们的祖国是花园，花园的花朵真鲜艳……"

由于唱歌跑调，并且在最后还忘了词，村民们哄堂大笑起来。但出乎村民们的意料，张艺谋指着女孩说："就你了。"

这个女孩就是《一个都不能少》中女主角的扮演者魏敏芝。后来这部影片大获成功，魏敏芝成为媒体关注的人物，一夜间成了名人。7年后，她考入西安某电影学院学习编导，现在已经拍摄了自己的电影和电视剧。

但是在现实生活中，很多女孩往往信心不足。美国作家艾里姆夫妇在《养育女儿》中解释了其中的原因：女孩非常注重人与人之间的关系，她们在做一件事之前，常常会考虑周边的关系，从而变得患得患失、犹豫不决。正因为如此，她们有时可能无法建立起足够的自信心，并且容易迷失自己。

一个人是否自信，不是天生的，而是后天养成的。当一个人总是获得表扬、获得成功，他的自信心就建立起来了。在孩子小的时候，他们没有分辨能力，非常相信父母对自己的评价。所以，我们对女儿要多鼓励、少批评，逐渐建立起女儿的自信心。

方法一：不要否定女儿

每个人都有被肯定的心理需要，孩子当然也不例外。心理学家研究发现，孩子对自己的评价大多源于周围人对自己的评价。如果周围的人给他的评价是肯定的、积极的，他就觉得自己能行，并且会在生活中逐渐树立起自信心来；如果周围的人给他的评价是否定的、消极的，他就会觉得自己一无是处，从而在心理上产生自卑感，甚至会有自暴自弃的想法。对于生性敏感、注重人际关系的女孩来说，更是如此。所以，妈妈千万不要用“你真笨”“你不行”这样的话来否定自己的女儿，而是要多给她鼓励和支持。

方法二：鼓励女儿做一些力所能及的事情

妈妈正在择菜，5岁的女儿凑过来对妈妈说：“妈妈，让我来帮你择菜吧。”妈妈怕女儿择不干净，对女儿说：“宝贝，你还小，择不干净，还是去玩儿吧。”

吃过午饭，女儿看到妈妈正在洗衣服，对妈妈说：“妈妈，让我来帮你洗衣服吧。”女儿刚想凑过来，妈妈一把抓住她说：“你别过来，要不然会把衣服弄湿的。宝贝听话，还是去一旁玩儿吧。”

看着妈妈一副“不可以”的样子，女儿只得委屈地走到一边。

上面这个妈妈的做法是不对的。这种做法会让女儿产生一种消极的想法：妈妈认为我什么都做不好，我是不是很笨啊？慢慢地，女儿会越来越怀疑自己，从而对自己丧失信心。

遇到上面这种情况，妈妈应该真诚地鼓励孩子：“宝贝，你这么小就知道帮妈妈做家务，你真棒。”然后再教女儿怎么做。此外，我们还可以主动让女儿做一些力所能及的事情，等她们做好的时候再给她们一定的鼓励。由于常常得到妈妈的鼓励并能够圆满地完成任务，女儿不仅会养成爱劳动的好习惯，还会逐渐培养起自信心。

方法三：发现并培养女儿的特长

姗姗是一个没有自信的女孩，因为她相貌平平，学习成绩也一般，更没有什么特别的才艺。妈妈发现这一点后，给姗姗报了一个舞蹈班，让她学习舞蹈。

后来，每当大家聚会的时候，妈妈都会让姗姗给大家跳支舞。由于有了自己的特长，并且常常得到大家的夸奖，姗姗逐渐建立起了自信心。

孩子的兴趣爱好是各不相同的，在天赋和能力方面也各有千秋。但是进入小学后，很多妈妈衡量孩子的标准往往聚焦在学习成绩上，那些学习成绩优异的孩子常常受到表扬，而学习成绩较差的孩子常常受到批评。那些常常受到批评的孩子就会产生自卑心理，从而丧失自信心。

要避免这种情况，妈妈就不能以分数论英雄，而是要发掘孩

这么简单的题都不会做，真是太笨了！
妈妈，这道题我不会做。
妈妈，这道题我不会做。
好好想想，试着往下做，妈妈相信你一定能做出来。

子的闪光点，多给孩子积极的评价。此外，妈妈还可以培养孩子的特长（如唱歌、跳舞、绘画、运动等），孩子在某方面有了竞争优势，他就会逐渐变得自信起来。

9. 乐观开朗是女孩好性格的源泉

乐观开朗不仅是一种优秀的性格特征，也是一种积极的生活态度。心理学家研究表明：乐观开朗的人不仅身体更健康、事业更成功，也会获得更多的幸福感。对于女孩来说，乐观开朗更是一种不可或缺的性格，它甚至比聪明、漂亮更重要。

有一句话说："乐观使你倾向于幸福、健康、事业顺利；悲观使你倾向于绝望、患病、失败、忧郁、孤独和怯懦。"确实是这样，乐观的人总是能够保持愉悦的心情，在遇到困难的时候看到的也是光明和希望，所以他们常常能够获得事业上的成功和人生中的幸福。悲观的人恰恰相反，他们认为好事总是暂时的，坏事才是必然的，所以常常感到悲观、失望、挫败，进而在事业上也无法取得成功，更无法得到人生中的幸福和快乐。

所以，为了让女儿能够一生幸福、一生快乐，我们必须对她们进行正确的引导，让她们成为乐观开朗的孩子。

一个人是乐观还是悲观，和他的生活环境有着很大的关系。作为女孩的妈妈，一定要给她一个快乐、温馨的成长氛围，这样更有利于她身心健康地成长。

方法一：不要让自己的负面情绪影响女儿

依娜的妈妈是一家大公司的文秘，每天都有忙不完的事情，有时候还会受到老板的批评。每天回家，她都会抱怨连连：“工作太忙了，我都快累死了。”“每天我都要看老板的脸色行事，做这份工作真不容易！”“今天我又被老板批评了，真不想干这份工作了！”

由于受到妈妈的影响，依娜小小年纪就学会了唉声叹气。例如，每次写作业，她都要抱怨说：“天天都有这么多的作业，我都快累死了，人活着真累啊！”

随着生活压力的增大，妈妈也会有苦恼、抱怨的时候，但是发泄这些情绪的时候应该尽量避开女儿。小女孩非常敏感，而且善于模仿，如果我们过多地让女儿幼小的心灵体验到挫败、失望、忧伤和愁苦等负面情绪，她们就很容易形成悲观的性格，并且会以消极的态度来面对生活。所以，妈妈要学着给女儿做一个良好的榜样，积极乐观地面对生活。

方法二：及时排除负面情绪对女儿的干扰

女儿放学回来，情绪一直不对劲儿，把自己关在房间里不肯出来。妈妈敲开了女儿的房门，关切地对女儿说：“宝贝女儿，妈妈看你今天心情很不好，能和妈妈说说是怎么回事吗？”

“没什么事。”女儿显然不想和妈妈说。

“妈妈看到宝贝女儿不高兴，心里也非常难受，如果宝贝女儿有什么事需要妈妈帮助，尽管和妈妈说好了。”妈妈装作要退出房门，其实是在等女儿开口说话。

“妈妈，”女儿有些委屈地说，“今天班里竞选班长，我没有连任成功。”

“这两年来，我女儿的班长还是做得相当出色的，以前你们班的学习、卫生成绩都排在学校的后几名，现在已经排到学校的第二名了。”

坏了，我的手机和钱包都不见了，怎么办呀？
那怎么办呀？这下我们什么也做不了了。
咦！我的手机和钱包不知忘到什么地方了！
妈妈，你别着急，捡到钱包的好心人一定会把钱包还给咱们的。

"是啊，要不我怎么会失望呢！"

"其实你也不要伤心失望，在这两年里，你不是也学到了许多管理经验吗？另外还交了不少朋友。只要你在以后的日子里好好表现，在下次竞选的时候，一定能够把班长的宝座夺回来，妈妈相信你有这个实力。"

"嗯。"女儿点了点头，心情好了很多。

和男孩相比，女孩更加敏感，也更容易受到负面情绪的影响。如果她们长期处于这种负面情绪之中，很容易形成悲观的性格，甚至会造成心理障碍。所以妈妈要多留心她的情绪变化，当她烦恼、忧愁、闷闷不乐的时候，要多和她聊聊天、谈谈心，让她把心中的烦恼说出来。这样，烦恼很快就会消失，女儿也会重新快乐起来。

方法三：对待女儿要宽严相济

这里所说的"宽"，指的是对女儿的管理方面。如果妈妈对女儿控制过严，这个不允许那个也不同意，女儿就如同锁在笼中的小鸟一般，很难高兴起来，更别提以乐观的心态面对生活了。所以，妈妈要给予女儿一定的选择权，例如，在穿衣、吃饭、看电视等方面，妈妈可以让女儿自己选择。女儿从小就享受到了应有的权利，自然会快乐而且独立。

这里所说的"严"，指的是对女儿的物质生活方面。一个普通的女孩，妈妈只要给她买一个玩具、一件衣服甚至一本书，她都会觉得高兴。而那些物质生活过于优越的女孩，这些东西已经很难让她们感到满足了。所以，在物质生活方面，妈妈不要过分娇惯女儿，这样，她才会感受到更多的快乐。

10. 用积极心态赢来幸福人生

进取心每个人都有，尤其是一些小女孩，进取心是非常强的。当女孩面对压力和竞争时，妈妈应该多鼓励她，让她树立目标，并为此更加积极进取。

方法一：鼓励女儿参加各种竞赛

让女儿多参加竞赛活动，既可以让她适应激烈的竞争，还可以培养她的自信心。有些女孩不愿意参加竞赛类活动是因为缺乏自信，害怕在大庭广众之下丢面子。这时候，妈妈需要多给她鼓励，并告诉她，比赛的成绩并不重要，重要的是比赛的过程以及在比赛过程中得到的锻炼和提高。当女儿参加完比赛，无论比赛成绩怎么样，妈妈都要提出适度的表扬，这样可以提高女孩参加比赛的积极性。

妈妈应该相信，当女儿勇敢地迈出展现自我的第一步，她就会慢慢变成一个自信、积极进取的人。另外，如果女儿非常缺乏自信，可以让她参加一些她比较有优势的比赛。这样，孩子的自信心才会慢慢培养起来，从而有勇气和信心去和他人竞争。

方法二：为女儿树立理想和目标

方菲是一个聪慧的小女孩，但是由于不用功，学习成绩只能在班里排到中下等。

有一天，妈妈趁着方菲高兴，对她说："新学期到了，妈妈给菲菲制订一个学习目标，好不好？"方菲非常爽快地答应了。妈妈说："上次期末考试菲菲的成绩在40个人里面排名第23位，这次期中考试能不能排到20位呢？"方菲想了想说："一共才前进3个名次，没问题。"妈妈说："既然菲菲同意妈妈制订的学习目标，那我们就用笔写出来，贴在菲菲的书房里。”妈妈找来纸和笔，把制订的学习目标写出来，贴在了女儿的书房里。以前，方菲十分贪玩儿，但是每当她看到这张贴在墙上的学习目标时，她马上就不玩儿了。方菲本来就非常聪明，再加上学习比以前用功，她的考试成绩一下子前进了14名。

方菲的妈妈非常聪明，她懂得为女儿制订学习目标的重要性。有一句名言是这样说的：“理想是前进的动力，是照亮道路的火炬。”一个人树立了理想和目标，在前进的道路上就会充满动力，并且不会迷失方向。所以，妈妈要引导女儿树立远大的理想，并且鼓励女儿为自己的理想去拼搏、去奋斗。如果女孩年纪还小，或者暂时没有自己的理想，妈妈可以帮她制订一个目标或者计划，让她明确前进的方向。当女儿有了自己的理想和目标，她不仅会变得积极进取，而且也不会再怕那些前进道路上的艰难险阻了。

另外，在给女儿制定目标方面，妈妈应该遵循下面两个原则：第一，不要把自己的意愿强加给女儿。如果这项目标是妈妈单方面制订的，孩子不仅没有执行的兴趣，甚至还会产生厌烦情绪，这项目标自然也不会得到很好的执行。第二，制定的目标要适中，最好是女儿“跳一跳”就能够到的那种。如果妈妈把日标制订得太高，女儿不仅无法完成，还可能会挫败她的积极性和进取心。

方法三：多给女儿积极的评价

晓梅是一个学习非常努力的孩子，但是数学成绩一直不好。有一次，她的数学只考了62分。当她把成绩单拿给妈妈看时，心里忐忑不安。但令她吃惊的是，妈妈不仅没有批评她，反而拍着她的肩膀说：“虽然你的数学不太好，但是你的语文非常棒。而且你是一个学习努力的孩子，只要你再接再厉，掌握学好数学的方法，你的数学一定会学好的。”听了妈妈的话，晓梅悬着的心终于放下了，并且没有对数学失去信心。

常常有妈妈抱怨："我家女儿就知道玩儿，学习成绩也不好，连一点儿进取心都没有。"不知大家想过没有，很多时候女儿没有进取心是妈妈造成的。例如，当女儿做某件事没有达到妈妈的要求时，妈妈没有鼓励她，而是给了她太多的责备。由于不断受到妈妈的否定，女儿早已失去了做下去的兴趣，甚至还会产生一种想法：我怎么也达不到妈妈的要求，还不如不努力的好。由于女儿产生了这样的想法，进取心自然没有了。所以，妈妈要多给女儿积极的评价，让她从妈妈的鼓励中获得前进的动力。当她逐渐建立起自信心和自豪感，就自然会变得积极向上了。

11. 掌控情绪，才能掌控人生

女孩心思细腻，容易受到外界一些负面情绪的影响，再加上父母对女儿是尽其所能地呵护，生怕孩子受一点儿委屈，所以就导致了一些女孩缺乏心理承受能力，外界一些很小的事情都会导致女孩情绪波动，又因缺乏自我调节能力，致使负面情绪长时间地困扰着女孩。所以，妈妈要懂得，富养不是用你的羽翼将女儿层层包裹起来，给予她保护，而是要教会她与外界形形色色的人和事打交道，在这个过程当中学会控制自己的情绪，让自己的内心变得强大起来。

妈妈要尽量在教育中注意孩子的每一种负面情绪，一旦发现孩子正在被某种负面情绪所控制，或者出现这种苗头，都要马上给予疏导，免受负面情绪的不良影响。

方法一：在合理的范围内，允许孩子充分宣泄情绪

古代治水有个很重要的经验，就是疏优于堵。教孩子掌控情

绪，首先要教孩子学会把负面情绪排遣出去，负面情绪就像人身上的毒素，这种毒素能腐蚀人的内心世界。只有先把负面情绪排遣出去，才有利于为心灵提供丰富的精神养料。

彤彤上小学三年级，是一个很好强的女孩，平时学习认真，还是班干部。每次考试，彤彤的成绩总是班级的前三名。但是这次期中考试，彤彤却没有考好，只考了第六名，原因是一道题目有两道小题，彤彤竟然忽视了第二道题目，这样白白丢了8分。

回家的路上，彤彤的心里一直不是滋味，埋怨自己。到家后，她把卷子拿出来，把那道数学题抄了好多遍，每抄一遍，都在下面写上“让你再马虎，这次抄写一百遍，下次要是再这样，就抄一千遍、一万遍”。妈妈看到后，立即阻止了女儿的做法，她对女儿说：“妈妈知道你是在用这种方法告诫自己，不要再犯马虎的错误。但是，人都有犯错误的时候，在告诫自己的同时，还要懂得坚强地面对，这样人不仅能改正错误，还能收获一份坚强豁达的心态。”彤彤对妈妈说：“嗯，妈妈，你说得对，我这个样子并不好，可是我确实很生气啊！”妈妈说：“走，咱们开车去海边，你大喊几声，好好宣泄宣泄。”说着，妈妈和彤彤出门了，来到海边，看着湛蓝的海水，彤彤大声地喊叫着，宣泄着心里积郁的闷气。喊完后，彤彤的心情再也不郁闷了，又恢复了以往快乐的样子。

当女儿遇到不高兴的事情时，妈妈最好让女儿充分宣泄心中的负面情绪，在这个过程中，女儿会逐渐感受到母爱的伟大，而忽略了别的事情。富养的核心，不是简单的阻止，而是一种引导，引导孩子认识到更美好的事物。

方法二：正确引导孩子宣泄自己的情绪

孩子在很多时候会通过一些不合理的方式来宣泄自己的情绪，

比如，出言不逊、摔砸物品，甚至对家里的宠物发脾气。这时，妈妈不应因为所谓的爱而视而不见，也不能进行粗暴的阻止，而是要让女儿知道宣泄是有一定范围和限度的，不能无休止，宣泄情绪的前提是不能伤害自己和他人。

欣欣长得可爱又漂亮，一天，她穿着妈妈买给她的新裙子在家附近玩耍。邻居阿姨都说她就像个小天使一样，她希望每个人都能看到，并且都说她漂亮。可是不一会儿，她就回家了，脸上挂着泪水，而且手还使劲儿地扯着裙子，好像要把裙子撕烂。妈妈问她是怎么回事，她哭着和妈妈讲了原委，而且越说越委屈，用小手更用力地撕扯着裙子。原来，附近的几个男孩看到她后，不但没有说她漂亮，还说她丑。

妈妈听完后，心疼地用手抚摸着女儿说："你出去的这段时间，都有谁说过你丑呢？"欣欣想了想说："就那几个男孩，别人都说我漂亮。"妈妈又问："那么你认为自己是漂亮还是丑呢？"她很坚定地回答说："漂亮。""哦，你认为自己漂亮，很多人也都认为你很漂亮，你现在还生这么大气，还把妈妈给你新买的裙子扯坏了。你说你做得对吗？"欣欣不好意思地低下头，小声对妈妈说："妈妈，我错了，我不该扯裙子。"

富养是要父母教会孩子用语言来表达自己的情绪，不论遇到什么事情，讲道理是最重要的，胡乱宣泄情绪不能解决任何问题。

很多时候，女儿向父母诉说、抱怨，甚至发脾气，不是希望为其打抱不平，而是需要有一个人可以倾听她的心声，宣泄一下不满而已。富养，是需要妈妈能做一个好的倾听者、建议者，面对被负面情绪所困扰的女儿，妈妈应该多给予关心和爱，以满足女儿对爱的需求。父母的爱是女孩心中最重要的基石，只要这个基石是坚固的，那么女孩的内心就会逐渐变得强大起来。

第九章

意志品质修炼，
铸就女孩美好未来

1. 有主见，不做人云亦云的“复读机”

生活中，有的女孩缺乏主见，她们做任何事情之前总喜欢询问一下别人，而不是自己去判断和思考。由于缺乏主见，她们在面临选择的时候，常常会彷徨和迷茫，并且容易被别人的意见所左右，因此错过了很多展现自己的大好机会。

尤其在长大之后，女孩面临的选择将会更多：选择什么样的大学、学习什么样的专业、做什么样的工作……可以想象，如果一个女孩长大了仍不能自己拿主意，仍要被动地等别人帮她做决定，那么她进入社会后，就很难在这个充满竞争和变化的社会中立足。

作为妈妈，我们不可能每件事都为女儿拿主意，也不可能照顾她一辈子，我们要逐渐培养女儿的自主意识，让她成为一个有主见的优秀女孩。那么，妈妈应该如何让女儿变得有主见呢？

方法一：改变教育女儿的观念

受传统观念的影响，很多妈妈的愿望就是自己的女儿乖、听话。在教育女儿的时候，她们常常会说：“乖女儿，听妈妈的话。”甚至送女儿去幼儿园，也会叮嘱女儿：“要乖，听老师的话。”女孩非常在意妈妈的评价，妈妈经常用“乖”“听话”这样的词语对女儿进行评价，会给她传递一种错误的暗示：只要服从妈妈的意愿就是对的，只有听话的孩子才会得到表扬。这样，女儿独立思考的能力就一点点地消失了。

所以，妈妈在教育女儿的时候，应适当减少用“乖”“听话”来要求和表扬女儿，最好用具体的评价语言来评价和表扬她。例如，女儿不再用妈妈喂饭，不要夸她乖，可以这样表扬她：“女儿这么小就不用妈妈喂饭，你真棒。”用这样的语言表扬女儿，既可以使她知道自己哪里做得好，还不会给她传递错误的暗示。

方法二：给女儿自主选择的机会

一个妈妈这样谈到自己的育女经验：

出于对女儿的娇惯，女儿的所有事情都由我和丈夫包办，我们从来不用她费心费力。渐渐地，我们发现了这种做法的弊端，因为女儿完全没有自己的思考力和判断力，你说什么她就做什么，你讲什么她就信什么。尤其让我们忧心的是，女儿一会儿也离不开我和丈夫，因为离开了我们，就没人帮她拿主意、为她作选择了。

为了改变这种局面，我给女儿提供了很多自主选择的机会，以此来培养她的思考力和判断力。例如，在买衣服的时候，我让她自己选择款式、颜色；在吃饭的时候，我让她自己选择吃什么；其他的事情也是如此。

刚开始时，女儿明显不适应，动不动就问我：“妈妈，你说我该怎么选择呢？”我对她说：“你自己的事情还是由你来决定，你觉得哪一种更好，你就选择哪一种。”渐渐地，女儿有了自己的主见，再也不像以前那样人云亦云了。现在我们一起去买东西，她不仅能够选择自己喜欢的商品，还能说出这种商品的好处呢！

很多时候，我们习惯为女儿做出选择，从而剥夺了她思考的权利。这样做是不对的。孩子在小时候是以自我为中心的，如果妈妈不注意她的自主要求，而是代她做出决定，很容易让她形成依赖性。所以，妈妈要多给女儿提供自主选择的机会，从而培养她的思考力和判断力。

2. 目标指引方向，让女孩永远都有航标的指引

目标，就是方向。有了目标，也就有了努力的方向。我们发现很多伟人和成功人士，就是因为很早时就有了自己的人生目标，并终其一生为之而奋斗，最终取得成功。巴菲特，因为小时家里生活并不富裕，他就发誓一定要成为有钱人，而他一生也为这个目标在践行，让世人见证了这一精彩的过程。

为了让孩子在知识的海洋中永远都有航标的指引，妈妈应该为女孩树立学习目标。那么，妈妈应该怎样帮助女孩呢？

方法一：女孩需要短期目标的引导

美国的心理专家做过一个试验。他们把四年级一个班的学生分为三个编队，让三位老师分别带队到另一个地方进行体育训练。第一编队的学生被要求跟着老师走就可以了。第二编队的学生得到的信息是走10公里才可以到达。而第三编队的学生知道要走10公里，而且知道每到1公里时都有一个标示牌，大家可以知道自己走了多远。

到最后，到达目的地的情况是这样的：第一编队的学生越走越累，越累越丧气，最后一个到达的也没有。第二编队的学生虽然知道要走的距离，但中间走到哪儿，走了多少距离也不知道，有一半人也放弃继续行走。第三编队的学生全部到达终点。

由此可见，太久远的目标，实现的难度足以吓倒孩子，反而无益。所以，女孩的目标应该切实可行，不能制订过高的目标，短期目标更有利于她的进步。

方法二：有压力，目标更容易实现

动物学家对非洲大草原奥兰治河两岸的羚羊群进行过跟踪研

究，他们发现一种奇怪的现象，东岸羚羊群比西岸的繁殖能力强，而且奔跑速度也比西岸的羚羊每分钟快13米。为什么会出现这种现象呢？动物学家对这个问题倍感兴趣，同样的生存环境，同样的饲料来源，都是莺萝的牧草，为什么生存状态差异这么大呢？

于是，他们做了一个试验：从两岸各捉10只送往对岸。过了一年，被送到西岸的10只羚羊，后来繁殖到14只，被送到东岸的10只却只剩下了3只，另外的7只都被狼吃了。

动物学家这才恍然大悟，原来东岸的羚羊强健、繁殖力强，是因为在它们的附近有一支狼群在活动，所以它们每个时刻都生活在警觉和危机中，自然奔跑速度就快，体质强健，繁衍能力也强。而西岸的羊群，太平盛世，没有生存的压力，身体懒散，体质慢慢减弱，因此，一旦遭受威胁，生命便不堪一击。

这个故事给我们的启迪是很深刻的。压力和动力是并存的，压力常常可以转化成动力。有了压力，目标才更容易实现。没有目标是可怕的，没有压力同样可怕。在学习中也是一样，如果孩子没有压力，他也就没有竞争和追赶的动力，那么实现自己的目标也就无从谈起。在人的一生中，大多数的时间都是在学习、工作中度过的。因为学习是持续一辈子的课题，所以不是凭兴趣就能完成的。女孩从小就应该适应有竞争和有压力的环境， 这样目标才会更容易实现。

方法三：让女孩学着设想自己的未来

一个妈妈在给14岁女儿的信中，这样写道：

10年前，我给自己的规划是这样的——考上大学，当一名出色的记者，找一个好丈夫，有一个可爱的孩子，而这些我现在都实现了。我希望你也能像妈妈这样给自己订一个计划，当你24岁时回忆起这10年的生活你没有什么遗憾，这已经算是人生最大的成功了。

其实，女孩越早为自己设想未来，并且按部就班地努力去实现，那么实现目标的概率就会越高。

所以，妈妈不妨引导女孩勾画一下自己的未来，例如，你可以这样问自己的女儿：

设想一下，5年后，你会成为什么样子？

设想一下，10年后，你会成为一个什么样的人？

设想一下，15年后，你会取得怎样的成就？

如果妈妈常常引导女儿去构想这些激励她，那么她就会朝着既定的目标努力，更会在奋斗的过程中充满激情和动力。

3. 培养果敢力，让女孩不再优柔寡断

我们在日常生活中，会发现这样一个规律：凡是从小就有较强的决断能力的人，长大后往往也都有果断的决策能力。所以，妈妈应当注重培养女孩的决断能力，让女孩学会在关键时刻当机立断，为她日后形成坚决果断、不拖泥带水的性格，打下坚实的基础。

决断能力是指在面对任何事情的时候要当机立断，不思前想后，瞻前顾后，不前怕狼后怕虎，缩手缩脚。我们都知道，现代社会是一个高速发展的社会，要想在这个社会上取得成功，必须具备遇事果断处理的能力。一个人决断能力的大小，不是哪一天突然具备的，而是靠日积月累的培养和锻炼形成的，而这种培养和锻炼是从小就开始的。

因为心理不成熟以及缺乏生活经验，女孩不能迅速地明辨是

非，及时地做出决定，所以在面对一件事情时往往显得犹豫不决。作为妈妈，绝对不能放松对女儿决断能力的培养，一定要适时引导和加强她对新生事物的认识、辨别能力，然后教导她对认准的事情就要快决定，快行动。

那么，妈妈怎么培养女孩的决断能力呢？

方法一：为女孩创造自己做决定的机会

实际上，女孩有主见是件好事，她会有自己的看法、自己的认识。应该多给女孩创造机会，让她学会自己拿主意。

一个妈妈这样讲述自己的育女经验：

我的女儿8岁了，我对女儿的态度是：一方面，女儿的事就由女儿自己决定。因为兴趣是最好的老师。例如，她有什么样的兴趣爱好，我就尊重孩子的选择，从不强迫女儿去适应我的安排。女儿喜欢绘画，我就不逼女儿去学钢琴，而是给她提供绘画需要的各种用品。另一方面，我不包揽、不干预那些本属于女儿自己的事情。例如，让女儿做力所能及的家务事，至于文化学习方面的事，从来都由女儿自己安排和完成，这样，不仅我省心，也锻炼了女儿的决断能力。

方法二：鼓励女孩当机立断，不要优柔寡断

心怡原来做事经常没有主见，犹豫不决。妈妈带她去商场买一件夏天穿的T恤，她先挑一件白的，在身上比一比，觉得不满意，放下，又拿起一件红的，还是不满意。半小时过去了，心怡也没有选好一件，只好让妈妈替她做了决定，妈妈显得有些无奈。

后来，妈妈明确地告诉心怡："许多事情是你必须自己决定的，不能依靠别人的帮助。要知道，你今天不想面对，明天还是一样需要你去直接面对。"此后，妈妈故意为女儿制造一些选择的机

究竟哪件衣服才适合我呢？看了那么多，也没买到喜欢的。
就买这件吧，我看着挺好看。
究竟哪件衣服才适合我呢？看了那么多，也没买到喜欢的。
看到喜欢的为什么不去试试呢？要相信自己的眼光。

会，并鼓励她当机立断。比如，一起买东西时，妈妈不再为女儿出任何主意，只是在一旁告诉女儿要相信自己的直觉，喜欢哪个就买哪个。做事不要力求完美，不要考虑太多。渐渐地，心怡做事越来越果断了。

当女孩遇事犹豫不决，向妈妈征求意见时，妈妈不要马上给出答案，而是要引导她拿出自己的意见。哪怕她说出的意见没有多少价值，也要先予以鼓励，然后再帮其完善。这样一来，女孩的决断力会越来越强。

4. 培养耐性，让女孩做事有始有终

生活中，一个没有恒心和毅力的人，做什么事稍稍遇到困难就会半途而废，最终很可能落得一事无成。而那些取得伟大成就的人都无一例外地具备超乎常人的恒心和毅力。

现在有的孩子缺乏恒心和毅力。这和妈妈的娇惯有很大的关系。由于妈妈的娇惯，女孩变得吃不了苦，遇到困难的时候，想到的不是迎难而上，而是退缩。这样发展下去，女孩的耐性便渐渐被消磨掉了。所以，要想培养女儿的耐性，妈妈首先要做的就是不娇惯女儿。

方法一：带女儿多参加体育锻炼

体育锻炼不仅能够强健人的体魄，也能培养人的耐性，因为它的核心精神是拼搏、竞争、坚持不懈、永不放弃。而这几方面，是一个有耐性的人必须具备的。所以，妈妈可以让女儿长期坚持某项体育活动，一年四季都不间断，这对培养女儿的耐性很有帮助。

方法二：教女儿做事要有始有终

一个妈妈这样谈到自己的育女经验：

女儿上五年级的时候，学校兴趣班报名。女儿告诉我和她爸爸，她想报篮球班。当时我和老公都非常支持她，但是也有一些担心：上篮球班又跑又跳的，文弱的女儿能吃得了这苦吗？

果然，没过两个星期，女儿就开始向我诉苦："妈妈，我不想学篮球了，每次上课都太累了。"

我微笑着对女儿说："妈妈知道学篮球很累，但是如果你现在就选择退出，那就证明你是一个失败者。妈妈希望你是个坚持不懈、永不向困难低头的孩子。"女儿点了点头，没有再提不学篮球的事。

从那以后，我常常对女儿提出鼓励，并且买回来一个篮球，让老公和她一起练，我做他们的裁判员。由于我的鼓励以及长时间的练习，女儿对篮球产生了浓厚的兴趣，再也不说"累人"这样的话了。

后来，女儿还十分感激地对我说："妈妈，当时多亏你鼓励我不要退出，否则我就没有这么好的一个爱好了。"

女儿的年纪小，在遇到困难时难免会选择退却。这时，妈妈要严格要求她，让她做每件事都要有始有终，而不是半途而废。当然，严格要求并不等于强制女儿做某件事，妈妈可以在女儿遇到困难的时候给她鼓励，还可以帮她分析一下遇到困难的原因。等女儿能够游刃有余地处理这件事了，她就不会觉得难了，并且会有始有终地做下去。

5. 责任心是女孩必备的品质

生活中，女孩的责任意识一般是比较强的。当她们承诺做一件事时，会竭尽全力去完成。有些女孩还懂得体贴妈妈，小小年纪就开始分担家务，以减轻妈妈的压力。

但是，由于父母的娇宠和溺爱，很多女孩都不关心周围的人和事，甚至连自己的妈妈都漠不关心。在她们心中，就只剩下了自己。这样的女孩自然不会有很强的责任心和责任感。

对个人来说，责任感是一种高尚的情操，它能让人言行一致、勇于承担。对社会来说，责任感更是一种极为宝贵的态度。无论是家庭还是社会团体，都喜欢那些责任心强、敢于承担责任的人，而那些没有爱心、没有责任意识的人，在哪里都不会受到欢迎。所以，妈妈要从小培养女儿的责任感，让她成为一个有爱心、有责任心的女孩。

方法一：让女儿明白责任感的重要性

一个妈妈这样谈到自己的育女经验：

我女儿舞跳得非常好，是班里的文艺委员。去年元旦，学校要举行歌舞比赛，老师把编排舞蹈、带同学练习的任务交给了女儿。每天放学，女儿都留在学校，练习到八九点钟才能回家。有一天，女儿却很早就回到了家中。我有些奇怪地问："今天怎么回来这么早啊？你们不是要练舞蹈吗？"女儿赌气地说："那几个男生太笨了，我怎么教也教不会他们，我以后再也不管这事儿了。"我说："如果你不教他们，他们到比赛的时候不是跳得更不好吗？"女儿说："我才不管呢，爱怎么样就怎么样吧。"我拍拍女儿的肩膀说："老师把这个任务交给你，表示他对你非常信任。你想一想，你如果中途放手不管了，老师还会信任你吗？"女儿低着头不说话。我接着说："你看，上个月爸爸获得了公司的'先进员工'，为什么爸爸会获奖呢？这是因为爸爸有责任心，公司下达的任务无论多难多重都努力完成，我们应该向爸爸学习。"女儿点了点头说："妈妈，你说得对，明天我就继续教他们练舞。"

我国著名教育家陶行知先生说过："行是知之始，知是行之成。"

当孩子充分了解了责任感的重要性，他才会真正努力去实践。所以，妈妈首先应该告诉女儿责任感的重要性，让她意识到没有责任感的人是不会取得成功的。此外，妈妈还要给女儿树立一个良好的榜样。这样，孩子才会逐渐成为一个有责任心的人。

方法二：培养责任心要从小抓起

这里所说的"从小抓起"包含两种含义。

一方面，是指在孩子年纪较小的时候就要培养他的责任心。试想一下，如果一个孩子的方方面面一直由妈妈负责，等他长大了突然要求他对自己的事情负责，他会有什么样的感觉？他一定会感到非常的茫然无措，因为他已经习惯了在妈妈的呵护下生活。所以，妈妈要培养孩子的责任感，就要让他从小学会自己的事情自己做。这样，他长大后才能成为一个勇于承担，能够对自己、对他人负责任的人。

另一方面，培养孩子的责任心应该从小事着手，比如，让孩子擦擦地、吃完饭帮忙收拾一下碗筷、写完作业后自己收拾书包……孩子这些事做得多了，就会慢慢养成习惯，他的责任感自然也就培养起来了。

第十章

抗挫力训练，经历挫折洗礼的女孩更有出息

1. 告诉女孩，挫折也是财富

所谓的挫折教育，就是在孩子的成长之路上，用人为的因素给孩子制造一些挫折，让他们从中体验到苦难，从而激发孩子战胜苦难的潜能，锻炼孩子的意志力。

一些女孩原本很优秀，是父母的骄傲，父母不舍得说，不舍得管，认为自己有一个好女儿，无须多操心。这种在一帆风顺的环境中长大的孩子，缺少挫折的历练，一旦遭遇到挫折，心理就会崩溃。所以，富养女孩，就一定要让她多经历些挫折，以便让她形成坚强的性格。

方法一：让女儿先经历些风雨

“不经历风雨，怎能见彩虹。”彩虹永远都在风雨的后面，人生也是一样，幸福往往都在挫折的后面。面对外面世界的风风雨雨，父母不可能为女儿遮挡一辈子，所以，父母在自己还有能力时，让女儿遭受一些挫折，即便摔得很重，父母也会在女儿的身后给予她有力的支撑。

乐乐9岁了，别看年纪小，可这个小丫头身上却有一种超乎寻常的韧劲。从乐乐很小的时候开始，妈妈就开始重视对她的挫折教育，每隔一段时间就要给女儿出点儿“难题”。

4岁时，妈妈给乐乐买了一个她很喜欢的玩具狗，可是她刚玩儿了两天，妈妈就把玩具狗藏了起来，乐乐再想玩儿时，却怎么也找不到了。开始的时候，乐乐急得大哭，央求妈妈帮她找，可是妈妈告诉她：“那是你自己的玩具，现在不见了，理应你自己找，而且它肯定就在家里的某个地方，只要仔细找，是一定能找到的。”

乐乐见妈妈不帮忙，就开始自己找。可是，年纪很小的她，记不住她找过哪些地方，总是把找过的地方又找了一遍，而一些地方却根本没找过。后来，乐乐想了一个办法，把她的玩具都拿了出来，在找过的地方放上一个，做个标记，这样就不会找重了，这次她很快就找到了玩具狗。

这种看似幼稚的挫折训练方法，其实对女孩是一种很有效的锻炼。在这个过程中，乐乐不仅做到了控制自己的情绪，还想到了做标记的方法，更重要的是，乐乐没有放弃，而是锲而不舍地把玩具找到了。

方法二：让女儿学会在逆境时调整心态

逆境是人生中不可避免的，那么，逆境时要怎样面对，就是对一个人抗压能力的考验了。

采采在小学三年级时转学了，她在原来的学校时学习特别好，还是班干部。可是来到陌生的学校，采采有些不适应，在课堂上几次溜号搞小动作被老师发现，遭到老师严厉的批评。采采很失落，认为新老师对她的印象不好，已经开始讨厌她了，为此她的学习热情降了下来。妈妈了解情况后，对女儿进行了及时的开导，她对女儿说："现在对你来说是一个困难时期，新老师、新同学、新环境，但是，妈妈知道你是优秀的，不应该被困难打败，应该勇敢地面对困难，用努力、用实力向同学和老师证明自己的能力。"听了妈妈的话，采采对自己的现状有了新的认识，也重新获得了信心，在接下来的日子里，她努力学习，很快她又成为品学兼优的好学生。

当挫折发生时，妈妈要让女儿迎着困难前进，设法去战胜困难，这才是富养女孩的精髓。

2.支持女孩多参加社会实践

社会是一个大课堂，这个课堂中所学习的知识，是任何书本和老师都不能给予的，要想学到其中的知识，就要亲自走进去。所以，妈妈要支持女儿多参加社会实践。

不要怕女儿在社会上遭遇到挫折和失败，只有这样的历练才会让女儿真正地强大起来。

那么，在富养女儿的过程中，妈妈怎样才能帮女儿认识和适应社会呢？

方法一：让女儿有“出镜”的机会

这里所指的“出镜”不是让孩子像演艺明星那样去上镜，而是妈妈要尽力为女儿创造能够在公众场合展示自己的机会，让女儿有机会接触社会中的人，也是社会实践中必要的环节。

英国有个少年小记者黛西，别看她只有10岁，却已经是一名资深的小记者了，许多不容易被采访到的人，她都采访到了，比如，英国首相撒切尔夫人、美国总统克林顿、时装设计大师乔治·阿玛尼等，为什么小黛西有如此本事呢？这些都和父母对她的培养有关。从黛西4岁开始，妈妈就引导她学着记者的模样采访别人，从开始的家人、邻居，到后来的陌生人和小镇上的官员。黛西逐渐变得越来越有名望，而她的采访技巧也越来越纯熟。黛西8岁的时候，采访西城男孩主唱芬南，一句话曾倾倒无数人。那天黛西问了芬南很多问题，直到把芬南问烦了，芬南对黛西说：“我希望现在就结束采访。”哪知，小黛西不慌不忙地说了一句话：“这应该由我决定，你只管回答问题就好。”

黛西的聪明和应变能力是她多年积累的结果，没有在大场合历练过的孩子，是不会这样充满自信的。富养女孩，妈妈不仅要给女儿提供好的生活环境，更要给女儿提供好的历练环境，让女儿在社会实践中学到应对各种情况的本领。

方法二：去社区做义工

社区和学校组织的义工活动也是参加社会实践的途径，这个途径没有外出打工的风险性，也没有“出镜”的难度系数，所以更应该被众多家长所接受，所重视。比如，去做社会调查，让女儿从中发现一些问题；去敬老院或福利院做义工，可以培养女儿的爱心；去义务植树除草，也可以锻炼女儿的劳动能力……当然，做义工最大的好处，是能让女儿有机会接触形形色色的人和事，在这个过程中，女儿会遇到问题，遇到困难，那么，她就可以学着自己面对这些人和事，自己去解决问题和困难。

3.勇敢能增强女孩的抗挫力

现实中我们时常会看到这样的场景：

一个女孩因为怕黑，不敢一个人睡，非要妈妈陪她一起睡；

看见地上有只蟑螂，小女孩吓得大哭起来；

一个小女孩因为做错了一件手工作品，无论父母怎么鼓励，她都不肯再尝试第二次；

舞蹈训练课上，老师批评了慈慈，说她跳得不好，腰的柔韧度不够，慈慈听后很受打击，回家后告诉妈妈再也不去舞蹈班了；

……

很多妈妈平时不注意对女儿勇气的培养，她们认为女孩不需要有勇气，而需要有娇气，只有娇气的女孩才会有福气。其实，这是完全错误的观点，无论是男还是女都生活在一个竞争激烈的社会中，没有了勇气，就等于丧失了生存的资本。如果妈妈希望女儿过上幸福的生活，就要培养女儿敢于面对各种问题的勇气。

方法一：妈妈不要助长女儿的胆小

姗姗天生就胆小，为了锻炼她的胆量，爸爸便挑了一个阳光灿烂的日子，全家人一起去登山。

果然，面对凹凸不平的山路，姗姗显得很紧张，她一步一回头，不停地看着爸爸，很想让爸爸把她抱上去。但姗姗的爸爸故意视而不见，只是自己不停地向上爬。其实，爸爸心里很清楚，女儿是完全有能力爬上去的。

但姗姗的妈妈非常担心，她怕女儿摔下来。为了保护女儿的安全，她一刻也不离女儿的左右，要不是爸爸的坚持，她早就把女儿抱起来了。姗姗看出妈妈的紧张，再也不肯往上爬。无奈之下，妈妈把姗姗抱上了山，这个锻炼孩子胆量的机会由此宣告失败。

如果不是姗姗的妈妈一直表现出提心吊胆的样子，姗姗是完全可以爬上山的，这本来是一次她认识自己能力的机会，可是这个机会却被过度担心她的妈妈给善意地破坏了。

可见，要想让女儿勇敢，首先就要锻炼她的胆量，妈妈要给她提供锻炼的机会。当女儿表现出胆小、怯懦时，妈妈应该以一种自然、平常的心态面对女儿，然后告诉她事情并没有她想象中的那么可怕，相反，她可以凭借自己的勇气和能力去克服困难。

方法二：给女儿树立勇敢的榜样

父母的言传身教对女儿胆量的培养最有效，当女儿看到父母在面对困难时敢于迎难而上，想尽办法去克服，那么女儿也会有积极的心态，变得越来越勇敢。

周静原来是一家工厂的副厂长，因为工厂转型离职了，曾经风光的她很难接受这种变故，每天在家里都垂头丧气，有人来看她，她除了向人家诉苦就是向人家抱怨，说自己为厂子奋斗十几年就落这么个下场，惨啊！她逢人就诉苦，还经常对女儿说："咱家现在变了，妈妈不再是厂长了。"女儿看到妈妈整天愁苦不堪的样子，也对生活失去了希望，没有了学习的动力，成绩一路下滑。

张鑫原来也是一家企业的领导，后来因故离职了。但是她没有选择就此消沉，经过再三考虑，她决定从头开始，开办养殖场。万事开头难，开始的阶段因为经验不足，养殖场走过了一段很艰苦的路，一度到了破产的边缘，但是在丈夫的支持下，经过几年的艰苦努力，张鑫的养殖场已经初具规模，办得有声有色。她的女儿在妈妈的言传身教下，也懂得了勇敢面对的真正含义，无论遇到什么困难，都会像妈妈那样不妥协不放弃，勇敢面对。

同样的困难，不同的选择，那么结局也就会不同。其实，女儿在困难面前是勇敢还是妥协，往往取决于妈妈的言传身教，所以只有妈妈本身勇敢，女儿才能学会勇敢。

方法三：切忌给女儿贴上"胆小鬼"的标签

现实生活中，如果父母对女儿采用积极的心理暗示方式，例如，鼓励、赞扬、肯定等，那么女孩自然会变得自信、勇敢、坚强；相反，如果父母采用的是消极的心理暗示方式，例如，嘲讽、批评、否定等，那么女孩自然会变得懦弱、胆小、沮丧。所以，如果家里有一个本就胆小的女孩，父母千万不要对她说"怕什么，你真是个胆小鬼"这类话，而应帮助和鼓励她勇敢面对困境。

4. 教女孩掌握应对挫折的办法

挫折是每个人一生都要经历的，但是很多人面对挫折时没有选对方法，结果付出了很多心血，却最终没有战胜挫折，这样的人也可谓勇敢者、坚强者，他们却不是胜利者。可见，在面对挫折和困难时，勇气和意志只是战胜挫折的一个方面，而另一方面就是要有正确的应对方法。

现在很多孩子从小就被父母娇惯，没有经历过挫折和打击，一旦遇到困难，就会变得盲目，既不能沉着应对，又不能想出应对的方法。

因此，妈妈要教会女儿在面对挫折时，自己想办法去面对。

方法一：在游戏中为女儿制造一些困难

女儿小的时候，她的生活圈子很小，所经历的事情也很少。如果女儿就这样在自己的圈中自由地成长，那么她可能会成为一个好孩子，但很难成为一个出色的孩子，因为她所经历过的事情、解决过的问题太少，没有足够的能力来承担更多的责任。所以，富养女孩，妈妈可以在女儿小的时候，利用一切机会给她制造一些困难，让她从这些困难中学会承担、学会忍耐，自己想办法解决，经过不断的训练，女儿会从中学到很多东西，才会更有能力也更有底气来面对以后的风雨。

斑斑在和妈妈做游戏，相互找东西，不光要找到东西，还要拿到手里才行。先是妈妈藏东西斑斑找。妈妈把斑斑的三个玩具藏好后，让女儿去找。别看斑斑才五岁，却很聪明。她仔细查找每一个地方，很快就找到了第一件玩具，可是玩具放得有些高，她拿不到。斑斑开始向四周搜索，她在找能利用上的东西，最后找来了几本厚书，她一本本地把书摞起来，拿到了玩具；第二件玩具在床下面，斑斑钻不进去，最后她用爸爸的钓鱼竿，像钓大鱼一样把玩具钓出来了；接着她又通过自己的努力找到并拿到了第三件玩具。游戏的结果是斑斑赢了。

方法二：利用日常生活中的困难锻炼女儿

生活是最好的老师，它可以教会人一切，但是如果妈妈因为爱女儿，总替女儿解决生活中的困难，女儿可能小时候会生活得无忧无虑，但是当她面对纷繁复杂的世界时，她就会因为缺少生活经验，而变得手足无措。

爱爱刚上小学一年级。一天，老师留的家庭作业是做手工，可是她鼓捣了很长时间也没做好，爱爱急得哭了起来。妈妈看到女儿哭了，并没有直接帮女儿做，而是一边安慰女儿，一边鼓励女儿，她让女儿先仔细观察手工作业的步骤图，再一步步做起。中途虽然爱爱有几次不知道该怎么做，但是在妈妈的耐心指导下，最终完成了这件作品。爱爱有一种如释重负的感觉，但是当她再回头看这个手工作业时，她感觉并没有一开始看到的那么难了，她对妈妈说：“妈妈，我觉得这个很简单啊，刚才怎么就不会呢？”

有些大人看似简单的事情，对于小孩子来说已经算是困难了，如果这个时候，妈妈不能进行耐心指导，而只是简单地帮女儿把手工作业做完，那女儿就越不过困难这道坎儿，也无法因此得到锻炼和提高。

5. 鼓励女孩积极挑战、超越自我

每个人每天都在面临不同挑战，同时也在挑战别人，这个过程就是竞争。但是要问起这个世界上哪种挑战最具挑战性，那么无疑就是对自我的挑战。

很多人挑战自己，只向自己的优点挑战，让强的一面更强，因为挑战自己的优点，会让人产生满足感和愉悦感。但是，人所比拼的不是某项单一能力，而是全面综合的能力，就像人不仅要智商高，还要有高情商、高财商等，这些因素共同作用才能让一个人更有能力。所以，挑战自我最重要的是向自己的缺点挑战，敢于面对自己的缺点是一种勇气，敢于改变自己的缺点是智慧，能够坚持改正自己的缺点就是挑战自我、超越自我的成功。

富养女孩，妈妈就要鼓励女儿认清自己，不偏颇、不回避，敢于挑战自己的弱项，继续努力提高自己的强项，进而提高自己的综合能力。

方法一：告诉女儿要敢于挑战自己的弱项

每个人都喜欢回避自己的弱项，孩子也一样。比如，有人问她考试成绩时，她总是先说出比较好的成绩；需要展示自己时，每个孩子都会向人展示自己的强项；平时学习时，在自己会的科目上就认真听讲，而在不会的科目上有时会开小差。之所以出现这些情况，就是人们打心底里都喜欢接触自己所擅长的，而回避自己所不擅长的，这是人的本性。但是，人生路上，我们不可能总是以自己的强项来示人，因为生活是一个人综合能力的大考场，所以，富养女孩，就要从女儿小时候开始，培养女儿挑战自己弱项的能力和心态，让她勇于面对自己的弱项，并挑战自己的弱项，这样女儿才会获得更大的进步。

雪柔上初二，学习也很努力，但是她的强项、弱项一览无余，英语、语文都接近满分，物理却不及格！雪柔从上第一节物理课开始就没听明白，后来日积月累，雪柔就被落下了，最后导致她很讨厌物理课。

妈妈看到雪柔严重偏科，对她说：“你看，你除了物理以外都考得挺好，要是物理成绩能达到90分，就能排到全班前五名。”雪柔说：“可是我不会呀！老师讲的我都听不懂。”妈妈耐心地对女儿说：“人的一生将会经历许多坎坷和磨难，现在物理就是你的坎坷，你是要战胜它呢，还是就此放弃？”雪柔想了想说：“我当然不能放弃，要是现在就放弃了，那我以后该怎么办？这个坎儿我一定要跨过。”妈妈笑了笑接着说：“对呀，人生就是不断挑战自我的过程，只有不断地战胜自己的弱项，才会迎来更强大的自己。每一次挫折都是一次机遇，你要抓住这次机遇，超越自己。”女儿听了妈妈的话，开始努力学习物理。

方法二：告诉女儿不能放松提高强项

有一个妈妈很为自己的女儿感到惋惜：

我女儿本来英语特别好，从五岁起我就开始为她报辅导班，女儿也聪明，比别的小朋友学得都快，老师经常表扬她，她自己也很高兴，也就越来越有学习兴趣。小学那几年，她始终坚持练习英语，无论是笔试还是口语都明显强过同龄的孩子。可是上了中学后，女儿学英语就没有以前那么努力了，她总是很骄傲，对我说：“我比我们班同学强太多了，我说的英语他们根本都听不懂，我可以用英语和老师对话，我看呀，他们怎么努力也赶不上我。”就这样，女儿不再每天练习英语，现在，女儿的英语水平下降了很多。

现实生活中，有很多孩子因为骄傲而慢慢地让自己的强项变成了弱项。在一个小集体中，女儿在某项技能或某科学业方面是佼佼者，她就容易变得飘飘然，瞧不起别人，产生骄傲心理，就像龟兔赛跑中的小兔子，认为自己就算不努力也会比别人强。所以，她往往会放弃努力，直到被后面那些追赶者超过后，才恍然大悟，但是为时已晚。富养女孩，妈妈要让女儿戒骄戒躁，时刻不能放松对自己的要求，要努力超越原来的自己，创造更加辉煌的人生。

第十一章

锻造女孩的能力，让女孩出类拔萃

1. 好人缘的秘诀——培养女孩的合作能力

一位在某中学当班主任的老师曾经抱怨说："我们班的女生天天爆发'宿舍大战'，现在的小女孩根本不懂得如何协同处理一件事，更不懂得如何与人合作。"确实如此，现在很多女孩都欠缺合作能力。

一位教育专家说过："从小培养孩子平和地与人相处和体贴别人的情操，是妈妈送给孩子这一生的瑰宝。"这句话说得非常有道理，那些合作能力强的人，会有一个好人缘，也会交到很多好朋友，进入社会后更容易受到上司的肯定和器重。而那些合作能力差的人会受到大家的冷落和排斥，个人的发展前途也会受到限制。所以，一个人是否具有与他人和谐相处的能力，直接关系到他的人际关系，甚至关系到他的未来。作为妈妈，一定要培养女儿的合作能力，让女儿成为一个懂得如何与人相处的人。

方法一：让女儿学会与他人分享

妈妈要想让女儿懂得如何与他人合作，就要让女儿学会体谅他人，并学会与他人分享。

一个妈妈曾经这样谈到自己的育女经验：

我女儿在幼儿园里有很多朋友，大家都非常喜欢她，因为她是一个懂得与人分享、不自私的人。有了好吃的，她会带给其他的小朋友尝一尝；有了好玩儿的玩具，她也愿意和朋友们一起玩儿。正因为女儿懂得与人分享，她的朋友非常多，人缘也非常好。

其实，这和我从小对她的培养很有关系。在女儿很小的时候，我就让她学着给爷爷奶奶夹菜，把好吃的东西拿出来大家一起吃。

她怎么这么没素质，下次不要和她玩儿了！
我不喜欢那个小朋友，她抢我的玩具。
你是姐姐，应该让她呀！下次主动让她玩儿，她就不会抢了。
我不喜欢那个小朋友，她抢我的玩具。

有时候，给她买了玩具，我也鼓励她和别的小朋友一起玩儿。坐公交车的时候，我教育她把座位让给老爷爷老奶奶。正是生活中的这些小事，让女儿成了一个懂得分享、体贴他人、关心他人的小姑娘，同时也让她受到了大家的欢迎。

可见，要想教会女儿如何与人合作，先要教会女儿懂得与他人分享。在只有一个孩子的家庭里，出于对孩子的爱，妈妈把好吃的全留给了孩子，即使有时候孩子想让妈妈分享，妈妈在感动之余，却说："你自己吃吧，妈妈不喜欢吃。"这样的做法强化了孩子的独享意识，慢慢地，他会成为一个不懂得分享的人。

所以，妈妈一定要对女儿进行正确的引导，让她从小学会与他人分享。这样，才能让女儿迈出与人友好相处的第一步，进而成为一个受大家欢迎的人。

方法二：让女儿多参加一些团体活动

妈妈可以鼓励女儿多参加一些团体活动，如英语短剧大赛、辩论赛等。通过这些团体活动，既可以培养女儿的学习兴趣，还可以让她认识到团结合作的力量，从而让自己更好地融入团体之中。此外，妈妈也应该告诉女儿团结合作的重要性，让她知道一个人的力量是有限的，集体的力量才是无限的。等她认识到了团结合作的重要意义，自然愿意把自己融入集体中去了。

2. 有创新才有未来——培养女孩的创新能力

俄罗斯作家康·帕乌斯托夫斯基曾说："异想天开给生活增加了一分不平凡的色彩，这是每一个青年和善感的人所必需的。"

这里所说的“异想天开”其实就是一种创新能力的体现。那些在人类历史上留下伟大足迹的人物，最初都是一个异想天开的孩子。所以，妈妈要想让女儿取得成功，拥有令人称羡的非凡成就，首先就要着力培养她的创新能力。

创造性不是天赋造就的，实际上每个人都具有创造性，而大家表现出的创造力之所以不同，是与他们后天接受的培养差异造成的。如果你想让自己的女儿成为一个创造力很强的女孩，那么就要从小开始培养她的创新能力。

方法一：珍视并善于保护孩子的好奇心

好奇心是激发女孩创新能力的动力，它可以唤起女孩的内在潜能，使女孩完全投入创造性的活动中去。富有创新精神的孩子，一般都有较强的好奇心，许多发明和创作往往是在好奇心的推动下，经过创新性的思考得出来的。

林林的妈妈很喜欢养花，家里的花很多。一天，林林突发奇想地剪下了几枝迎春花，悄悄地埋到了泥土中，还煞有介事地为它们浇水。过了两天花都蔫了，林林很纳闷，她带着自己的疑问去找妈妈。妈妈看见自己的花被孩子剪坏了，心里很生气，但转念一想，这正是孩子好奇心的体现啊。于是，妈妈控制住自己的情绪，给女儿讲了出现这种情况的原因。

林林妈妈相信，鼓励女儿的每一点创新想法，及时解答女儿的疑问，是对女儿莫大的帮助。

孩子只有对客观世界的事物怀有强烈的好奇心，才有可能发现改进和改变的方面，而这正是创新思维的基础。好奇心越强，掌握的现实材料就越多，就越有利于创造出新的成绩。

妈妈要珍视并善于保护孩了的好奇心，正确激发和引导孩子的好奇心，为孩子提供安全的创造环境，点燃孩子学习新鲜事物的欲望。妈妈可以耐心地回答孩子的提问，经常陪孩子出去走走，使孩子的好奇心向正面发展。如果妈妈一味地斥责、制止孩子的探索行为，则会阻碍孩子好奇心的发展或者误导孩子。

方法二：给女孩与外面世界接触的机会

观察力是创新能力的基础，对于孩子创新能力的培养至关重要。孩子只有学会观察，才会记忆和思考，创新能力的发展离不开观察力，孩子只有在生活中多听、多看，才会掌握更多的知识，积累更多的经验，并顺利发挥自己的创新思维去解决问题。

小玉和小菲都是5岁的女孩。小玉的妈妈工作忙，没时间接送孩子上幼儿园，于是经常让奶奶在家里带小玉，认为这样很安全。可是小玉被关在屋里，生活单调，观察事物的机会少，不但智力发展受到限制，出去更不敢和别人说话，甚至无法参与到小朋友们的游戏中。

相反，小菲的妈妈经常利用周末带女儿去公园、动物园。小菲生活在丰富多彩和充满新鲜事物的环境中，大脑可以接收到很多新鲜事物的刺激，经常处于兴奋状态。所以小菲爱说爱笑，非常爱提问题，创新能力也得到了相应的发展。

由此可见，要想让女孩具备良好的创新能力，妈妈就要从女儿小时候开始，为她创造良好的环境，帮助她拓宽视野，有意识地带她多出去走走，培养她的观察力，从而培养她的创新能力。

方法三：鼓励孩子的尝试和探索行为

作家冰心说过：“淘气的男孩是好的，淘气的女孩是巧的。”孩子爱玩儿，喜欢探索未知的事物，这正是孩子创新能力的萌芽。妈妈不仅不应该制止孩子，还应该有意识地保护和珍惜，给孩子充足的时间和空间，让孩子有机会去发现和研究自己感兴趣的事物。

只要孩子是安全的，妈妈就应积极鼓励孩子的各种探索。

一个妈妈这样说道：

要学会欣赏孩子的探索欲望，允许孩子的探索行为。我的女儿6岁了，她总喜欢把玩具“大卸八块”。开始我很烦她这种做法。她总是拆完就扔到一边，又去破坏下一个，我每次都得跟在她后边善后。后来，我改变了想法和做法，我每次会提前告诉女儿，在拆卸的时候最好记住拆卸的顺序，并鼓励女儿在拆卸完之后试着把玩具重新组装好。

如果妈妈能这样做，就既满足了女儿的探索欲望，又锻炼了她的动手能力。即使女儿不小心把东西弄坏了，也不要轻易责怪她，否则可能会扼杀孩子的创造性。

3. 口才是一种竞争力——培养女孩的表达能力

一位作家说过：“口才是一种最犀利的武器，能够征服世界上最复杂的地方——人的心灵。”这位作家对口才作用的认识是非常精准的，口才确实是一种最犀利的“武器”。当年烛之武凭借三寸不烂之舌让数十万秦国军队一夜之间撤离，保住了自己的国家；而诸葛亮也是凭借自己出色的口才说服了孙权，让孙权和刘备结成联盟，共同抵抗曹操，最终形成三分天下的局面。

到了现代，口才的重要作用更加凸显出来。我们现在所处的社会是一个交往频繁的社会，也是一个充满竞争的社会，那些拥有好口才的人不仅更容易把自己推销出去，也更容易说服别人，让他们接受自己的意见。可以说，好口才已经成为当下一种不可或缺的竞争力。

但是很多妈妈认为口才无非就是说话，这还用重点培养吗？其实这样想是不对的，这两者并不是一个等同的概念。简单地说，口才包含说话，但其中还有很多方法和技巧，所以需要重点培养。

在口才方面，女孩具有语言天赋，但有的女孩有时缺乏当众说话的胆量。所以，妈妈应该让女儿的表达能力得到发展。

方法一：培养女儿的表达能力

生活中，细心的妈妈也许会发现，尽管女孩的说话能力很强，但是表达能力却相对弱些，经常听到一些妈妈抱怨说：

“我女儿总是没完没了地说一大堆话，但是没有一点儿条理，说了半天我也没听明白。”

“昨天女儿给我打了一个电话，费了好大劲儿才把事情说明白。”

……

妈妈要想培养女儿的好口才，首先就要培养她的表达能力，因为表达能力是口才中相当重要的一部分。在培养女儿的表达能力方面，妈妈可以让她朗诵诗歌、背诵绕口令，还可以教她复述故事或者电影、电视剧。通过这些练习，她会变得吐字清晰、语言流畅，说话也不会没头没尾了。

方法二：锻炼女儿当众说话的胆量

有些小女孩尽管吐字清晰，表达能力也很强，但是一到公共场合就说不出话来。所以，妈妈要想让女儿拥有出色的口才，锻炼她当众说话的胆量也是一个重要方面。

一个妈妈这样谈到自己的育女经验：

我女儿是一个口才很好的女孩，上个月还在学校的演讲大赛上获得了一等奖。

很多女孩在人多的场合下羞怯、怕生，我女儿却不一样，在什么样的场合下她都不慌不忙，照样能够把话说得圆圆满满。她能做到这一点，和我们对她的培养是分不开的。

在女儿五六岁的时候，每到周末，我们一家人都要开展一次“小小演说家”的活动，家里每个人都要发言，并且相互打分。女儿非常喜欢这个活动，到后来简直有了表演欲望。当客人来家里做客时，我会对女儿说：“宝贝女儿，昨天你不是学会了一首唐诗吗，王叔叔非常想听，你给王叔叔背诵一下好不好？”女儿正发愁找不到“听众”，一听王叔叔想听，赶紧给王叔叔背诵起来。

等女儿长大一些，我还带女儿参加过一些相关的竞赛，女儿见识了这些“大场合”，遇到其他场合自然就不羞怯、怕生了。

方法三：鼓励女儿多读书、多和人交流

要培养女儿的好口才，妈妈还应该鼓励她多和人交流，特别是和那些有智慧、有思想、语言表达熟练的人交流。经常和他们在一起聊天，时间长了会受到他们的感染，女儿的口才也会得到提升。另外，妈妈还要鼓励女儿多读书，因为良好的口才和渊博的知识是紧密相连的，一个知识丰富的人，说出来的话自然有文采，也更加具有感染力。

4. 智慧在于思考——培养女孩的思考能力

心理学家研究显示，男孩和女孩在智商方面是平分秋色的，不同之处在于两者的思维方式。

所以，对于妈妈来说，培养女儿的理性思考能力是非常必要的。一个善于理性思考的女孩，不仅会在学业上更优异、更突出，在面对人生的众多选择时，她也能够做出正确的判断，将命运掌握在自己手中。

理性思考能力对于女孩的人生有重要影响，那么，怎样才能培养女孩的理性思考能力呢？

方法一：鼓励女儿多提问题

在女孩小的时候，她们一般会有很多问题，总是不停地向妈妈提问。有些妈妈觉得女儿非常烦人，不是敷衍应答她们，就是批评、训斥她们。其实，这样做是不对的。当女儿向妈妈提问的时候，也是女儿在思考问题的时候，妈妈应该多鼓励她们，例如，妈妈可以这样对女儿说："你提的问题真好，你真是个爱思考的小女孩。"这样有利于培养女儿爱思考、爱钻研的好习惯。但是在回答问题时，妈妈最好不要马上就给出答案，而是让女儿说出自己的想法后再告诉她。

方法二：鼓励女儿多思考

孔子说过："学而不思则罔，思而不学则殆。"所以，妈妈在鼓励女儿多读书的同时，也要引导她多思考。

7岁的女儿非常喜欢看几米的漫画，有一次，她正在看《月亮忘记了》，妈妈问她说："宝贝女儿，你说假如真的如漫画中一样没有了月亮，我们的世界会变成什么样子？"

女儿说："晚上没有了月光，整个世界都黑黑的。"

妈妈接着问："还有呢？"

女儿想了想说："我们晚上出去会迷路。"

"还有呢？"

……

在妈妈不断地“追问”下，女儿给出了十几种答案。

这是一种很好的开发女孩思考能力的方式。在女儿读某本书的时候（或者看某个电视节目的时候），妈妈可以就书中的内容向女儿提问，引起她的思考。这样不仅可以培养女儿的思考能力，也能加深女儿对书中内容的理解。另外，妈妈还可以就生活中的一些实际问题向女儿提问，例如，问女儿天冷了水为什么会结成冰、小猫为什么爱打呼噜等。通过这样的方式，也可以培养女儿的理性思考能力。

方法三：引导女儿从不同的角度想问题

妈妈给女儿讲完《龟兔赛跑》的故事后，问女儿：“宝贝女儿，听完这个故事你有什么想法呢？”女儿说：“小兔子太骄傲了，要不然它会比小乌龟跑得快的。”妈妈接着说：“那小乌龟呢，它为什么比小兔子先到达终点了呢？”女儿想了想说：“小乌龟不停地跑，不怕累。”妈妈说：“对，宝贝女儿说得非常正确，小乌龟能够坚持不懈，所以能够第一个到达终点，我们也应该向坚持不懈的小乌龟学习。”

这个妈妈非常聪明，当女儿说出小兔子失败的原因时，她又引导女儿说出小乌龟取胜的原因，让女儿换了一个角度想问题。在培养女孩理性思考能力的时候，类似这样的方法非常值得尝试。总之，妈妈要引导女儿从不同的角度想问题，让她们的思维方式更加灵活。

5. 做时间的主人——培养女孩的时间管理能力

古今中外，关于珍惜时间的名言有很多，比如，一寸光阴一寸金，寸金难买寸光阴；少壮不努力，老大徒伤悲；我生待明日，万事成蹉跎……由此可见，时间就是生命。谁能够管理好自己的时间，谁就可以轻松掌握自己的生命。因此，培养女孩的时间管理能力，是一件十分重要的事，需要妈妈常抓不懈。

小曼是一个很乖的女孩，但她说话做事总是慢慢腾腾、磨磨蹭蹭的。比如，正在吃饭，桌下有只小猫走来，小曼就会放下饭碗看个究竟。每次要出家门前，小曼也总是拖拖拉拉的。别的女孩10分钟就能完成的事，到了小曼这里，就变成了20分钟、30分钟……小曼的妈妈非常担心。这样下去，会给孩子的生活带来不便，最重要的是，还会耽误孩子的学习及生活。

教育女孩珍惜时间不是一件容易的事。因为年幼的女孩还不能理解时间是怎么回事，更不懂得时间的宝贵。一般要到少年期，其抽象思维比较发达，自我意识逐渐成熟时，女孩才能逐渐明白时间的无限性和人生命的有限性。但是妈妈不能消极地等到女孩到了少年期再培养，所以必须从小对女孩进行珍惜时间的教育。那么，妈妈究竟应该怎样教育女孩珍惜时间呢？这里的几个方法，妈妈不妨试一试。

方法一：排除外界干扰，培养女孩专心做事的习惯

有些孩子做事总是拖拉，原因是他们做事精力不集中，容易被无关的事物所吸引。所以，这些孩子做事往往把“战线”拉得很长，效果却不一定好。针对他们这种坏习惯，妈妈就要注意，在孩

子做事时，尽量要给孩子创设安静的环境，排除与当时事件无关的因素，使孩子能专心做自己的事情，加快速度也保证质量，孩子慢慢就会养成珍惜时间的好习惯。

方法二：加强女孩的时间观念，培养遵守时间的习惯

女孩爱磨蹭，与她们缺乏时间观念有关。妈妈可以用别人珍惜时间的事例来教育女孩，从而使女孩认识到时间的价值。居里夫人为了节约时间，每天只在实验室里啃几片面包。鲁迅先生更是惜时如命，他把随意占用、浪费他人时间的行为视为“谋财害命”。

对此，一个妈妈分享了她的教育经验。

我的女儿小阳是个典型的没有时间观念的孩子。由于磨蹭，她上学经常迟到，老师批评也无济于事。对此，我非常苦恼，并下决心帮她改正。于是，我与小阳一起制订了一个互相监督的计划，让她监督我有没有做事情拖拉的现象，让爸爸做裁判，每天记录结果并及时报告。我们一起制订生活日程表，记录每天早晨穿衣、刷牙、洗脸、吃饭等所用的时间，一段时间后再看彼此有没有进步。

通过一段时间的培养，小阳开始为自己的进步而感到高兴，主动加快了自己做事的速度，时间观念也慢慢变强了。久而久之，她学会了根据时间来调节做事速度，有了初步合理把握时间的能力，迟到的现象也就杜绝了。

6. 将思维花朵变成果实——培养女孩的动手能力

没有执行，一切都是空谈。要想让女孩学会骑自行车，就要给她一辆车子让她骑；要想让女孩成为跳水健将，就要带她下水游

泳。否则，只给她灌输一大套理论，而不放手让孩子去做，什么都等于零……这些便是培养女孩动手能力的重要意义。

教育专家指出，孩子动手能力差，主要原因有三种。

第一，成人担心孩子小不会做事，怕孩子出事或怕孩子损坏东西，许多事不让孩子自己动手去做，而由成人包办，孩子失去了一次次动手的机会。

第二，家庭装饰摆设成人化，没有孩子动手的小天地。孩子进了家门，这不许动，那不许碰，玩具不能自由拿放，孩子可活动的空间太小。

第三，孩子动手的材料少。爸爸妈妈花钱买的玩具，外表虽美观，但大多数是机械或电动的，不能拆拼，孩子缺乏动手材料。

那么，如何能更好地提高女孩的动手能力呢？这里，有几条建议供妈妈参考。

方法一：让孩子学会自理，自己的事情尽量自己完成

璐璐的妈妈对璐璐照顾得无微不至，璐璐从未做过家务，甚至连自己的袜子都没洗过。每天妈妈要把水果切成适合的小块，插上牙签，女儿才肯吃。刷牙时，要事先给女儿准备好漱口水，把牙膏挤好……妈妈希望璐璐能把全部精力都集中在学习上，不为别的事情分心。没想到，正是自己的这种无微不至，剥夺了女儿成长的机会，导致璐璐在生活中经常马马虎虎。

妈妈不应该娇惯女孩，平时应让她分担一些家务活动。要知道家务活动是锻炼女孩动手能力的有效途径，像打扫房间、洗袜子、擦窗台、择菜、洗菜等，这些虽然都是一些小事，却能很好地锻炼孩子的动手能力，慢慢养成她爱劳动的好习惯。

方法二：教女孩使用工具

女孩在小的时候其实是非常愿意做些事情的。但是她们手、脚的协调能力还不完善，做起事来常常“笨手笨脚”，妈妈千万别因嫌孩子麻烦或碍手碍脚而剥夺了孩子学习劳动的机会，妈妈可以耐心反复地给孩子做示范，让孩子学会使用工具，慢慢地孩子就会从不熟练到熟练，最后运用自如了。

教女孩使用工具并不是件简单的事，需要思维、手眼协调能力都达到了一定水平才做得到。这段时期，女孩可能会把一张纸剪成碎纸片、把胶水涂得到处都是，把自己的“作品”到处乱贴、在任何可能的地方乱涂乱画，但这是女孩正在体会自己操作和使用工具的乐趣呢！请妈妈忍耐一下暂时的不整洁，为女孩能真正有能力使用工具而高兴吧！多给女孩提供剪、贴、涂的机会，不要评价她的“作品”优劣，不必急于让孩子剪出、画出规则的形状，让她随心所欲，顺其天性，这才是最重要的。

方法三：及时称赞和鼓励女孩，以调动其积极性

一位幼儿园老师讲过这样一件事。

一次，我看到一个小女孩怎么也不愿意动手剪东西，我就问她为什么。她说：“奶奶说，剪刀会咬人的手指头，不能随便乱动剪刀。”针对这个女孩，我首先消除了她对剪刀的恐惧心理。我告诉她，只要掌握正确使用剪刀的方法，剪刀就不会伤着人。然后，我教她正确使用剪刀的方法并示范给她看。很快，她自己拿起了剪刀。当剪出一幅作品时，她兴奋地拿给我看。她的作品虽然比其他小朋友的作品要差很多，但我也及时地给予她表扬和鼓励。

当妈妈发现自己的女儿动手能力差时，不妨也向这位幼儿园老师学习一下，用称赞和鼓励调动女孩动手的积极性。顺便提醒妈妈

一句，这种称赞和鼓励尽量不要采用实物的形式，比如，你要完成一幅作品，我就给你买玩具、买好吃的东西等，因为这样容易刺激孩子的功利心，时间久了，反而会阻碍孩子的健康成长。

7. 战胜自己——培养女孩的自律能力

也许我们常常羡慕一些这样的妈妈——也没有见她们怎么管教孩子，她们的孩子却非常懂事，每天早上自己按时起床，放学后不用妈妈催促就能把作业工工整整地做完。至于孩子的房间以及各种物品，更是由孩子自己收拾得干干净净、整整齐齐，根本不用妈妈费心。为什么很多妈妈费尽全力也没有做到的事，这些妈妈似乎不费吹灰之力就做得非常好呢？

下面是一个妈妈的教育感言，我们读完后说不定会有所启示。

我女儿的自制力非常差，每天放学第一件事就是看动画片，要是没有我和老公的催促，她连作业都写不完。每天晚上，我和老公都会催促女儿四五次，这让我们不胜其烦。

有一天晚上，我对正在看动画片的女儿说："妈妈以后不再提醒你写作业了，妈妈相信你自己就能把作业写好。"没想到我的话起到了"神奇"的作用，1天、5天、10天、1个月……女儿不用我们提醒就能把作业写好了。有了以上的经验，我和老公再也不做女儿的"拐杖"了，而是把"自由走路"的权利还给了女儿。自从我们开始培养女儿的自我管理能力，女儿不仅把自己管理得井井有条，而且取得了不小的进步。

看过上面的事例后，很多妈妈也许突然间会醒悟：不是孩子的能力差，而是自己的教育方法出了问题——我们总是害怕孩子做不好、出错，所以总是提醒、帮助他们，慢慢让孩子养成了不能自我管理、处处依赖妈妈的习惯。而那些聪明的妈妈会着重培养孩子的自我管理能力，让孩子自己管理自己，这样妈妈不仅省去了很多力气，孩子也容易取得更大的进步。

心理学家研究发现，在取得成功的过程中，情商比智商的贡献更大。而情商中最核心的部分，就是我们常常提起的“自我管理能力”。自我管理能力是一种非常优秀的能力，它能够让孩子自己管理好自己、自己照顾好自己，让妈妈不再担心他们的学习和生活。尤其在孩子走入社会后，如果他们仍不具备自我管理能力，处处都依靠别人的提醒、帮助，最后只能被社会所淘汰。所以，妈妈应该从小就着重培养女儿的自我管理能力，为她以后的发展打下坚实的基础。

方法一：妈妈适当地放手

现在的孩子自我管理能力差，最大的原因就是妈妈不放手。妈妈总是担心孩子不会管理自己、不会照顾自己，所以总是提醒、帮助他们，甚至本该由孩子做的事情妈妈也一手包办。不知道这些妈妈想过没有，不管家长多么关爱自己的孩子，总有一天孩子要走出妈妈的怀抱，妈妈是不能照顾他们一辈子的。所以妈妈应该适当地放手，从小就培养孩子的自我管理能力，如果孩子能够管理、照顾好自己，那么，妈妈还有什么好担心的呢？

方法二：在生活中培养女儿的自我管理能力

女孩的自我管理能力是在生活中慢慢形成的。妈妈在培养女儿自我管理能力的时候，可以从生活中的一些小事着手：小一点儿的孩子让她学着穿衣、吃饭、洗手、洗脸；大一点儿的孩子让她学着打扫自己的房间、整理自己的玩具、独立完成作业、按时起床、上学等。当女孩取得一定进步的时候，妈妈要对她提出表扬，这样可以激发她自我管理的兴趣，慢慢地由“要我做”变成“我要做”。当女孩能够独立地解决生活中的一些问题时，她的自我管理能力也会得到很大的提高。

方法三：培养女儿的判断力及取舍能力

蕊蕊是一个喜欢看漫画的小姑娘，她让妈妈给自己买了很多漫画书，一回到家就手不释卷地看起来，有时连作业都忘了写。有一天妈妈对她说：“妈妈知道你非常喜欢看漫画，但如果你光顾着看课外书而忘了写作业，你的学习成绩就会受到影响。你看这样好不好，你回家后先看20分钟的漫画，然后认认真真地写作业，等把作业写完后，你就可以安心地看漫画了。” 蕊蕊接受了妈妈的建议，看漫画和学习都没有耽误。

很多女孩管不住自己，是因为她们要做的选择让她们犯难。例如，有些女孩既想写作业又想看动画片，最后动画片没有看痛快，作业也没有写好。在这种情况下，妈妈要培养女儿的判断力及取舍能力，让她能够抵制住诱惑，做出正确的选择。另外，妈妈还要教育女儿做事有计划，这样，她在遇到选择的困惑时，才能更好地解决矛盾、管理自己。

第十二章

提升学习力，让女孩成为学习高手

1. 兴趣是最好的老师——激发女孩的学习兴趣

任雪7岁了，是一个活泼可爱的小女孩。但是她一点儿也不喜欢学习。妈妈给她买来好多童话书，她连看也不看一眼。每天放学回来，她要做的第一件事情就是看动画片。妈妈催她很多次，她才极不情愿地去写作业。为了女儿能够认真地把作业写好，妈妈把其他事都放到一旁，专门陪在女儿身边监督她写作业。有妈妈在身旁监督，任雪会装作很认真的样子写一会儿，但是等妈妈“放松警惕”的时候，她就开始摆弄自己的小刀、铅笔和文具盒了。因为没有学习兴趣，任雪的学习成绩非常差，常常排在班里的倒数几名。妈妈为此感到很无奈。

为什么会出现这样的情况呢？这和女孩没有学习兴趣有关。爱因斯坦说过：“兴趣是最好的老师。”如果没有学习兴趣，她们会把学习当成一件苦差事，躲避还来不及，哪还会安下心来学习呢？

所以，妈妈要试着培养女儿的学习兴趣，让她认识到学习的意义。只有这样，她才会爱上学习，才会主动去学习。

方法一：不强迫女儿学习

很多孩子产生厌学情绪都是由于妈妈教育不当引起的。很多妈妈为了孩子能够多学知识，完全不顾及孩子的感受，定时间定任务地强迫他们学习。这样做是不对的。孩子的年纪还小，不知道学习的重要性，如果妈妈强迫他学习，很可能会让他产生厌学情绪，甚至会把学习当成一件苦差事。这样的想法一旦形成，往往很难再唤起孩子的学习兴趣。所以，妈妈千万不要用强迫的方式来让女儿学习。

当然，不强迫女儿学习并不等同于放任自流，而是要引导女儿学习。在引导女儿学习方面，妈妈可以从以下三个方面入手：第一，尊重女儿的兴趣，多给她一些自由宽松的时间，让她自己去选择感兴趣、喜欢的东西。第二，每次学习时间不宜过长，学习任务也不要太重，否则会给女儿很大的压力。第三，当女儿取得进步的时候要适度表扬，这样可以提高她学习的积极性。

方法二：将女儿原有的兴趣和知识学习结合起来

梦娜8岁了，上小学三年级。今年，梦娜开始学习怎样写日记，但是总觉得没有东西可写，每次都是东拼西凑，应付了事。有一天，她正对着作文本发愁，妈妈对她说："你不是喜欢读有关动物的小说吗？你可以在日记里面写一篇读后感啊。"梦娜接受了妈妈的建议，很快就把一篇日记写了出来。从那以后，每当梦娜觉得没有东西可写的时候，妈妈都会让她写她最熟悉和最感兴趣的事情。经过妈妈一段时间的提示，梦娜再也不为写日记而头疼了。

我们都有这样一种经验：如果我们对某事物了解、充满兴趣，我们就愿意接触与之相关的事物。例如，某部电视剧热播的时候，我们就愿意读原著小说。同样的道理，孩子也是愿意接触和学习他原本就熟悉、有兴趣的东西。但是并非每个科日都是他熟悉和了解的。所以，妈妈要将孩子原有的兴趣和知识学习结合起来，培养和激发他新的兴趣。例如，孩子要学习自然、生物，妈妈可以告诉他：在这些书上可以找出他关心的"下雨为什么会打雷""小猫睡觉为什么会打呼噜"的答案。这些都是孩子以前有兴趣和关心的东西，当它们和新学的知识发生了联系，孩子自然就愿意学习了。

方法三：让女儿在学习中享受到快乐

琪琪开始学习英语时，她对英语一点儿兴趣也没有，一看到那些小蝌蚪一样的字母就头疼。有一天，妈妈看到她在学习“shopping（购物）”这一章，就对她说：“宝贝女儿，咱俩用英语做个游戏好不好，由你来当商店的老板，妈妈做你的顾客。”琪琪非常爽快地答应了。

两个人开始用英语进行交流，当遇到琪琪不懂的地方，妈妈就让她反复练习。结果女儿玩儿了一个多小时，仍是意犹未尽，那一章的内容也基本掌握了。从那以后，妈妈经常用英语和女儿做游戏，女儿不仅非常喜欢，而且再也不讨厌学习英语了，英语成绩也显著提高了。

对于孩子来说，他们学习的目的有时不是获取知识，而是从中得到快乐。所以，妈妈要让女儿在学习中获得快乐，这样才能激发她学习的兴趣。至于如何让女儿从学习中获得快乐，方法也是多种多样的，例如，将游戏导入学习中，和女儿进行互动，在女儿取得进步时提出表扬，开展家庭竞赛，倾听并和孩子讨论学习情况等。

2. 加速学习的马力——帮助女孩制订学习计划

晓风上初中一年级。和小学相比，初中科目多了，学习任务也重了，这让晓风感觉非常不适应。虽然她每天从早到晚都忙个不停，但是学习效果一点儿也不好。前一段时间期中考试，她比入学初竟然下降了5名。这让晓风非常苦恼：我这么用功学习，名次怎么没有提高，反而下降了呢？

很多妈妈都遇到过这样的情况，自己的孩子每天都像陀螺一样转个不停，但成绩就是上不去。为什么会出现这样的情况呢？这是因为学习也是一门艺术，需要处理好各个学科之间的关系，也要处理好它和休息、娱乐之间的关系。如果盲目地、杂乱无章地去学习，学习效果肯定不好。所以，妈妈非常有必要为孩子制订学习计划。但有时候，并不是每个孩子，每个学习计划都能顺利地进行下去。

一个妈妈曾经这样谈到自己的女儿：

在新学期，女儿拿着一张纸条兴冲冲地对我说："妈妈，你看，这是我给自己制订的学习计划，你看怎么样？"我接过来一看，上面列举得很清楚，每个时间干什么，都有严格的规定。我说："你制订得挺好，但是你一定要按上面的执行啊！"女儿说："那当然了！"

在开始的两天，女儿还真是按照学习计划去学习，但是到了第三天，我就看到她在本应预习功课的时间看动画片。我说："你的学习计划里面不是规定6点到6点半是预习功课的时间吗？你怎么看上动画片了？"女儿撒娇说："今天演的是我最爱看的动画片，我就看一天，明天就不看了。"第二天，她准时坐到了电视机前。再过了四五天，那个学习计划彻底作废了。

从上面这个事例可以看出，女孩年纪小，自制力差，让她严格按照学习计划去执行确实是一件很难的事情。所以，制订的学习计划一定要有科学性，同时妈妈要鼓励女儿按照学习计划去执行，这样才能让她有计划、高效率地去学习。

方法一：为女儿制订科学的学习计划

很多学习计划不能执行下去是因为它们不够科学。有些妈妈为了能让女儿多学知识，就在学习计划里面加大了学习量。还有的妈妈没有考虑周全，让女儿在她看动画片的时间去学习。这样的学习计划自然得不到女儿的支持，甚至会把它当成一种束缚，从而不愿意去执行。所以，在为女儿制订学习计划的时候，一定要让它具有科学性、全面性、可行性，并且得到女儿的认可和支持。妈妈可以从以下几方面入手。

1. 学习量要适中，充分为女儿留出休息和娱乐的时间。如果学习量太大，会让女儿产生反感情绪，从而不愿意去执行。

2. 安排好常规学习时间和自由学习时间。常规学习主要用来完成老师留的作业，自由学习用来预习或者复习功课。

3. 要突出重点，在女儿薄弱的科目上多下功夫。

4. 注意效果，及时调整。学习计划一旦制订，并不是丝毫不能改动的，而是要根据学习效果，进行相应的调整。

5. 安排好长期计划和短期计划。在每个学期，要有一个大目标，然后再把这个大目标分解，每个月做什么、每周做什么、每天做什么。这样做，女儿既不会感到学习量太重，而且能获得进步的成就感，从而愿意去执行学习计划。

方法二：让女儿在学习计划执行中体验到进步

正梅是个贪玩儿的小女孩，学习成绩一直不理想。尤其是她的数学成绩，常常排在班里的后几名。有一天妈妈对她说："宝贝女儿，妈妈给你制订一个学习计划，好不好？以后你每天多学20分钟数学。"正梅嘟着嘴不乐意。妈妈说："你先执行一个月，如果你的成绩比以前好了，咱们接着执行，如果还和以前一样，你就不用执行了。"正梅勉强地答应了。在以后的日子里，妈妈每天给女儿补习20分钟的数学，一直坚持了一个多月。接着，在学校的月考中，正梅的数学成绩一下子提高了15名。尝到了进步的喜悦，正梅再也不痛恨学习计划了，并让妈妈把其他的学科也加入学习计划当中。

你不是计划这个时间写作业吗？怎么又看电视了？自己订的计划都不能执行，我看还是别订了。
也是，计划赶不上变化，还是别订了。
写作业的时间到了，关上电视吧！既然订了计划就要执行，开个坏头可不好。
好的，我现在就去写作业。

当女孩在学习计划中品尝到进步的喜悦时，她才更愿意去执行。如果长时间让她感觉不到自己正在改变，她就会对执行学习计划失去兴趣。所以，在开始制订学习计划的时候，学习任务不要太重，也不要对她提出过高的要求。这样，她会感到自己每天都在进步，从而也更愿意去执行学习计划。

3. 拉动学习的马车——帮助女孩建立学习习惯

孩子学习成绩的好坏，与其是否具有良好的学习习惯有着密切的关系。我国教育家叶圣陶先生说过："什么是教育？一句话，教育就是培养良好的习惯。"国外教育家研究发现，一个孩子的学习好坏，20%和智力因素有关，80% 和非智力因素有关。而在兴趣、信心、意志、习惯等非智力因素里面，习惯又占据着重要的位置。考试，尤其中考、高考这样的大型考试，是对学生平时学习情况的一个彻底考察，这其中就包括了学生的学习习惯。如果孩子在平时不注重培养良好的学习习惯，这些缺陷在考试中会非常明显地暴露出来。

教育专家研究发现，小学阶段是培养孩子良好学习习惯的最佳阶段。所以，为了女儿能够取得优异的学习成绩，妈妈一定要从小抓起，培养女儿良好的学习习惯。

方法一：培养女儿学习细心的好习惯

认真、细心直接关系着女孩的学习成绩。一个做事粗心大意、马马虎虎的女孩肯定不会取得好成绩。所以妈妈一定要注意培养女孩认真、细心的学习习惯。

一个妈妈这样谈到自己的育女经验：

我女儿7岁，上小学二年级，是一个马虎大王。她常常看错题，书上明明写的是“169”，她却看成了“196”。有时候她在演算纸上算出来的是“6”，写在卷子上的却是“0”。更可气的是，她有时候连老师留的作业都忘记了。后来我给她提出了几点要求，让她努力去完成。

1. 把老师留的作业一项一项地记在一个小本子上，写完一项在上面画一个对号。这样既不会出现忘记的情况，写起来也更有条理性。

2.看书、写作业的时候不要三心二意，要专注。

3. 写作业时多看两遍题，等把题目弄懂后再下笔，不要匆匆扫过一遍就开始写。

4. 写完作业后自己检查一遍。

女儿按照我的要求坚持了一段时间，现在已经细心多了，学习成绩也有了很大的提高。

方法二：培养女儿善于发现学习问题的好习惯

孩子在小时候往往有很多稀奇古怪的问题，但是等上学后，特别是随着年级的增高，这些问题反而越来越少了。这是一种非常不好的情况，孩子不思考、不提问，而是全盘接受老师讲授的内容，就不能加深对知识的理解，更不能培养出创新精神。所以，妈妈要有意识地培养女儿善于发现问题的好习惯。

教育专家李镇西老师就非常注重培养自己女儿发现问题的好习惯。李老师不仅鼓励女儿向老师提问，有一段时间，甚至“逼”女儿每天必须到办公室向老师请教一个问题。李老师还为女儿总结出一系列深入思考问题、发现新问题的方法，在这里写出来供大家参考。

1. 当老师讲解一道题时，想一想是不是还有其他的解法。

2. 如果不按老师分析的情况去做，是不是可以用另一种思路？

3. 可不可以让老师的讲解方法更完善？能不能为老师的讲解再增加一个理由？

4. 书上说的绝对正确吗？可不可以找到一些特例？

有很多女孩不善于提问是因为胆子小，怕自己提出的问题没有价值被老师笑话。妈妈应该让女儿认识到发现问题的重要性，同时鼓励她多向妈妈、老师提问题。

方法三：培养女儿记下错误并改正的习惯

六年级的蓝菲是一个学习成绩非常优异的小女孩。据蓝菲介绍，她有一本“高分宝典”，那其实就是一本错题集。每当遇到错题的时候，她会分析自己为什么出错，错在了哪里，然后再找同类型的习题重复练习，直到弄懂了为止。最后，她再把错题抄在一个本子上。等到考试的时候，她会把所有错题再重新复习一遍。这样，就避免了在考试中犯相同的错误。

很多女孩妈妈都遇到过这样的情况：女儿在一个问题上犯了错，妈妈或者老师对她进行了纠正，可是下次遇到同类问题时她还会犯错，并且是一错再错。出现这样的情况，一方面是由于同类习题是孩子的一个难点，另一方面是孩子没有真正弄清自己出错的原因。所以，妈妈应该培养女儿知错就改的好习惯，当她遇到自己容易出错的问题时，鼓励她反复练习，直到弄明白为止。如果孩子的时间较为充裕，就让她动手编一本习题集，并且经常翻一翻、看一看。这样，孩子就不会在一个问题上“重蹈覆辙”了。

4. 让学习更高效——引导女孩提高学习效率

在教育孩子时，妈妈常常遇到这样的情况：同一篇课文、同一个公式，别的孩子很快就掌握了，而自己的女儿要花费很长的时间。有时候，妈妈会抱怨自己的女儿太笨。但是细想一下，孩子之间的智商都差不多，是什么原因让孩子之间的学习成绩产生了这么大的差距呢？是学习方法。方法出效率。很多优秀学生的学习经验证明，是否具有高效的学习方法，直接关系到学习成绩。良好的方法不仅节省了孩子的学习时间，也会让孩子更轻松、更迅速地掌握所学的知识。

很多妈妈只关心孩子学习时间的长短，而没有考虑学习方法的好坏以及学习效率的高低。这样做是不对的。孩子的学习成绩不是由孩子学习时间的长短决定的，如果学习方法不好、学习效率不高，即使夜以继日地学习，效果也不会太好。孩子升入高年级后，课程更难了，任务更重了，如果不讲究学习方法以及学习效率，要想取得好成绩几乎是不可能的事情。

所以，妈妈要从小培养女儿良好的学习方法，让她的学习成绩更加出色。

方法一：百试百灵的“笨”方法

一位做高中老师的妈妈这样谈到了自己的育女经验：

我女儿上初中一年级。和同龄孩子相比，我女儿并不聪明，但是学习成绩却非常优秀。女儿能够取得这样的成绩，和我教给她的“笨”方法是分不开的。

首先，我要求女儿认真听讲，并且养成做笔记的好习惯。很多孩子认为老师讲的东西书上都有，不用听，看书就行。其实这样想是不对的，老师讲授的内容是对课本知识的提炼和升华，有很多东西是课本上学不到的，而记笔记不仅可以加深对知识的理解，还可以用来日后复习。

其次，每天花10～15分钟进行课前预习。课前预习可以让孩子对将要学习的课程有个大概的了解，弄清哪些是自己明白的，哪些是不明白的。然后带着问题去听课，力求把那些不明白的问题弄明白。

再次，每周花一个半小时左右的时间进行一次复习，把一周所学的重点复习一遍。这样做，可以加深孩子对知识的理解和把握，使知识更加条理化和系统化。

最后，多动笔。人们常说，“好记性不如烂笔头”。尤其是对于知识点多、内容繁杂的文科来说，多动笔更是必需的。

以上四点，是我多年经验的总结，也许很多孩子和妈妈认为它们“笨”，但是笨方法才是好方法，也更适合大多数的学生。

方法二：将目标细化、分解

若柯的英语成绩很不好，好多英语单词都记不住。每当拿起英语课本背单词的时候，她都会向妈妈抱怨：“这么多英语单词，我哪记得过来啊！”后来妈妈给她出了一个主意：每天早晨背4个单词，中午背4个单词，晚上再花5分钟把这8个单词默写一遍，遇到出错的，则花3分钟重点背诵一下。若柯接受了妈妈的建议后不仅感觉没有压力了，学习效果也非常好。

现在她已经背完了整本书的单词，英语成绩也显著提高了。

当年纪尚小的女孩面对非常繁重的学习任务时，她们很可能会产生厌学情绪。这时候，妈妈应该教会她把学习任务进行细化、分解，然后再逐一攻破。当孩子面对的是一个个小任务时，她不会有心理压力，而且完成一个小任务还会带来成就感。

方法三：让女儿做到劳逸结合

为了提高女儿的学习成绩，很多妈妈大搞题海战术，让女儿没完没了地写作业、做习题。这样的做法并不好。女儿学习的时间尽管很长，但是由于心情不好，学习效率肯定非常低，还容易对学习产生厌烦情绪。所以，妈妈应该让女儿劳逸结合，提高她的学习效率。

5. 提高记忆力——女孩有记忆力才有学习力

我们人类的一切活动，从简单的认识、明白到复杂的学习、劳动，都离不开记忆。记忆是一种比较复杂的心理过程，是过去经验在人脑中的反映，它包括识记、保持和再现几个环节。记忆是知识的宝库，有了记忆，智力才能不断发展，知识才能不断积累。在智力发展最重要的幼儿时期，记忆具有重大的意义，幼儿记忆的发展对其今后学习科学文化知识有直接的作用。

有关专家经过长期观察研究发现，女孩在记忆上常显示出如下特点：

1. 记得快、忘得快。女孩记忆的范围和记忆保持的时间，是随着年龄的增长而扩大和延长的。比如，女孩很快学会一首儿歌或一个故事，但如果不复习很快就忘了。

2. 记忆缺乏目的性。女孩往往只能记住形象鲜明的对象和感兴趣的事物。比如，妈妈委托女儿做某件事，她会用重复妈妈说的话这种简单方法，来记住这件事。

3. 记忆方法缺乏灵活性。由于受知识和经验的限制，女孩往往只会对事物的表面进行机械识记。比如，妈妈和女儿同时遇到一个初次见面的人，妈妈记住的是这个人的相貌特征，女儿记住的可能是这个人的衣着颜色等。

4. 记忆缺乏精确性。女孩记忆的精确性也是随着年龄的增长而提高的。比如，女儿听了一个故事，她往往只记住感兴趣的某个细节，而无法记住整个故事的情节，或者把其他故事的情节也混了进来。

那么，针对这些特点，妈妈应该怎样提高女孩的记忆力呢？可以参考下面几种方法。

方法一：创造安静的环境，女孩才不会分心

记忆时只要聚精会神、专心致志，排除杂念和外界干扰，大脑皮层就会留下深刻的记忆痕迹而不易遗忘。如果精神涣散，一心二用，就会大大降低记忆效率。

有些女孩喜欢一边看电视、听歌，一边学习。这是很不好的习惯，这样学习的知识很快就会忘记。这是因为大脑工作时只允许一个中枢处于兴奋状态，如果同时有几个兴奋点，必定会使人心不在焉或三心二意，结果会大大降低记忆效果。

所以，妈妈要让女孩改掉不良学习习惯。同时，妈妈还要为女孩创造一个安静、舒适的环境。在这种环境下女孩学习会更专心，不容易被其他事情所干扰。

方法二：引导女孩多回忆，内容越精细越好

我们平时接触了很多人，耳闻目睹了很多事物，但因为很少去回忆，所以很多东西又模糊或淡忘了。常回忆，并尽可能精细地回忆，是锻炼记忆的好方法。

一个妈妈说道：

我平时很注意锻炼女儿的记忆力。比如，我带女儿见了一位阿姨，回来就让女儿回忆一下她衣服的款式、颜色，发型、手袋的款式、面料等。当我带女儿看完一部电影回来，我就让她回忆一下里面有什么人物，发生了什么事，结局怎样，仔细回忆某些镜头，越精细越好。通过这种有意识的锻炼，我欣喜地发现女儿的记忆力有了很大的提高。

俄国文学家托尔斯泰说过："我每天做两种操，一是早操，一是记忆力操，每天早上背书和外语单词，以检查和培养自己的记忆力。"托尔斯泰的"记忆力操"实际上就是反复"回忆—复习"。因此，妈妈只要有计划地引导女孩多回忆，她的记忆力一定会不断增强。

方法三：保证女孩的营养，提高其大脑的工作效率

很多女孩记忆力不好，其实也和自身的饮食有一定关系。虽然现在孩子的生活条件好了，但并不一定代表吃进肚子的东西就有利于自身的健康。那么，吃什么东西能够有益大脑，并且增强孩子的记忆力呢？这也是许多妈妈关心的问题。

下面，就为大家列举几种食物。

1. 牛奶。富含蛋白质、钙及大脑必需的维生素B_1、氨基酸。当你的女儿用脑过度或失眠时，一杯热牛奶有助于消除大脑疲劳感。

2. 鸡蛋。从小适当吃鸡蛋，有益发展记忆力；特别是蛋黄，蛋黄中含有卵磷脂等脑细胞所必需的营养物质，可增强大脑活力。

3. 鱼类。可以向大脑提供优质蛋白质和钙，大大激发大脑能量、提高情绪和大脑功能。淡水鱼所含的脂肪酸多为不饱和脂肪酸，能提高孩子的脑力。

4. 花生。花生等坚果富含卵磷脂，常食能延缓脑功能衰退、增

强记忆。

5. 小米。临床观察发现，吃小米有益于脑的保健。

6. 玉米。玉米胚中富含谷氨酸，这种物质能促进脑细胞代谢，具有健脑的作用。

总之，记忆力可以通过训练得到提高。只要妈妈帮助女儿对记忆产生兴趣，并且在女儿产生兴趣后给她指点一些记忆的方法和窍门，同时帮助她保持对记忆的兴趣就足够了。如果能坚持这样做下去，女孩的记忆力一定能有所提升。

第十三章

社交能力在一定程度上影响着女孩的人生

1. 学会拒绝是一种智慧

一个不会拒绝他人的女孩很容易被别人左右，一个没有主见的女孩有时甚至会给自己带来危险。所以，学会拒绝对女孩来说也是一种快乐，因为这样可以让她不勉强自己去做根本不想做的事情，以获得心灵的自由。

但是，渴望友谊和天性善良的女孩，常常认为拒绝别人会伤害到对方，所以很多时候她们宁愿委屈自己去接受别人的要求，哪怕有些要求是不合理的，甚至是过分的。可想而知，最后受到伤害的一定是不懂拒绝的女孩自己。所以，妈妈要教育女儿学会说“不”，这样，她在别人提出不利于自己的要求时才懂得拒绝，才能更好地维护自己的正当权益。

方法一：培养女儿的自信心以及自我价值感

伊丽莎白·哈特利-布鲁尔是英国著名的教育家，她在其著作《自尊女孩手册》中说过：“自尊可以给女孩以力量，让她对朋友，对某个怪异或令人害怕的成年人说‘不’。”的确是这样，当一个女孩有了充足的自信后，她才能坚持自己的原则，向那些损害自己正当权益的行为说“不”。

伊丽莎白·哈特利-布鲁尔同时指出，那些“一直被认为是‘好孩子’的女孩以及只有得到他人的认可才感觉被人接受的女孩”更难向别人开口说“不”，因为她们害怕遭到别人的取笑、斥责和冷落。

因此，妈妈要想引导女儿懂得拒绝别人，就要先培养她的自信心和自我价值感，不要让她只在别人身上才能找到认同感，而是要让她自己来认同自己。

方法二：让女儿学会委婉地拒绝别人

有一天，上高一的晓蕾回家后非常不开心，妈妈便问她发生了什么事。晓蕾皱着眉头说："梦琪想和我换座位，她眼睛非常近视，座位又在后排，看不清黑板。"妈妈说："梦琪是你的好朋友，你眼睛又不近视，你就和她换换吧。"晓蕾说："我眼睛倒是挺好的，但是梦琪的座位在大后排，我个子矮，如果我换到她的座位上，前面的同学就会挡住我的视线，我就看不清黑板了。"妈妈说："那你就把这个原因告诉梦琪，不同意和她换座位。"晓蕾有些为难地说："我和梦琪是最好的朋友，我这样说她会不会不高兴？"妈妈对她说："不会的，因为这是你的正当权益，再说你说的也是事实，梦琪会明白的。另外你还可以和梦琪一起去找老师，让老师帮忙想想办法。"晓蕾点了点头，第二天把自己的想法告诉了梦琪，并和梦琪一起去找了老师，让老师帮忙调了座位。

有的女孩不懂得拒绝别人，尤其当对方是自己关系比较好的朋友时，即使她们不愿意，也会勉强答应。面对这样的女孩，妈妈除了要教会她在日常生活中体谅别人，还要教会她维护自己的正当权益，委婉而又礼貌地拒绝别人。

2. 学会真诚地赞美别人

20 世纪最伟大的心灵导师和成功学大师戴尔·卡耐基在其《人性的弱点》一书中提出：为人处世的重要原则就是学会真诚地赞美别人。没错，赞美和欣赏都是一种积极的情绪，它们会让女孩在人际交往中获得更多的友谊和青睐，从而增加她们在与人交往时的自信和魅力。

因此，妈妈应该引导女儿学会赞美和欣赏别人，对别人多些理解和宽容，多去发现别人身上的优点和能力，然后对照自身看到差距，激励自己多学习别人的优点，改掉自己的缺点。同时，学会赞美和欣赏别人的女孩，也会获得别人的好感，从而能够让自己与他人更加和谐地相处，交到更多的知心朋友。

那么，妈妈应该怎样引导女儿去赞美和欣赏别人呢？下面这些方法妈妈不妨参考一下：

方法一：采用游戏体验法让女孩学会赞美和欣赏别人

一个妈妈的教育经验是这样的：

我女儿已经12岁了，平时见到邻居也不知道打招呼，显得有些害羞内向，也没有几个可以玩儿的好朋友。为了提高女儿的人际交往能力，我决定采用游戏体验法让女儿从学会赞美和欣赏别人开始。例如，谁最先发现别人身上的优点，并且对那个人说出来，那么谁就可以获得一枚星星勋章，一周后，获得最多勋章的那个人可以向对方提一个愿望。最初我和女儿都称赞彼此，后来女儿会赞美小区的清洁工、隔壁的老奶奶、街边补鞋的老爷爷……慢慢地，女儿自己也感觉到她赞美过的那些人对她比以前更友好了，女儿脸上的笑容也多了起来，变得开朗的她也结交了几个好朋友。

这真是一个充满智慧的妈妈，她在日常生活中应用“游戏+体验”的教育模式，让女儿在游戏中体验，学会把赞美和欣赏挂在嘴边，从而让女儿在无形中也获得了别人的好感和肯定。

其实，赞美和欣赏别人是我们在生活中最容易忽视的美德，因为很多女孩心中只想着怎么在人际交往中获得别人的赞美和肯定、欣赏和认同，却不懂得去赞美和欣赏别人。

所以，妈妈应该采取各种方法如游戏体验法这种寓教于乐的方式，去让女孩学会赞美和欣赏别人。

方法二：引导女孩养成付出的好习惯

13岁的饶饶是个独生女，由于长辈溺爱的原因，她总是显得很霸道、任性、不会替他人着想，很多时候只会看到别人身上的缺点和自己身上的优点，这也让她成为伙伴中不受欢迎的人。饶饶的妈妈为了改变这种现状，就和饶饶的老师商量，在饶饶的班里开展了一个“猜猜我是谁”的活动。具体规则是：每个学生把自己的名字写在一张小纸条上，全班同学的名字混在一起，然后每人随机抽取一张，纸上的名字就是你要在未来一周内帮助的人，在这一周内你至少要帮助对方做5件事，让他通过你的行动猜出你是谁，这样你就可以成为对方的“爱心天使”。3个月之后，有的同学做了10次“爱心天使”，大多数孩子在这项活动中养成了付出爱的习惯。妈妈发现饶饶也有了很大的改变，后来这项活动还推广到整个学校，学校里的氛围变得越来越和谐、友好。

一个女孩如果学会主动去帮助别人，为别人无私地付出，那么她自然会得到别人的赞美和欣赏，而她也会去试着赞美和欣赏别人。久而久之，女孩会在为他人付出的过程中，获得更多的肯定、自信、赞美、友谊和关怀。

3.教女孩学会选择朋友

子曰：“益者三友，损者三友。友直、友谅、友多闻，益矣；友便辟、友善柔、友便佞，损矣。”可见，选择什么样的人做朋友对一个人来说是多么重要。

天底下恐怕没有妈妈不希望自己的女儿交到品学兼优的朋友，但妈妈不能对女儿交友要求太过严格，毕竟世界上并不是只有那些品学兼优的人才是值得结交的朋友，任何一个人身上都有他人值得学习的地方，尤其是对青春期女孩来说，朋友更是她们生活的重要参与者。

女孩有选择自己朋友的权利，当然，作为妈妈，我们都希望女儿能够广交友、慎交友、交好友。

妈妈可以参照下面这些方法去帮助女孩交朋友。

方法一：多尊重、少挑剔女儿的朋友

有人在中学里做过一项调查，当调查人员问学生们："如果你的妈妈不喜欢你的朋友，你会怎么办？"结果，有90%以上的学生表示"会和好朋友继续交往"。可见，妈妈的阻止并不能起到什么效果。因此，面对女孩的朋友，妈妈最好多一些尊重，少一些挑剔，并鼓励女孩学习朋友身上好的一面。

方法二：鼓励女儿找一个性格互补的朋友

妈妈应鼓励女儿选择那些和她成为互补型的朋友，这样才是对孩子最好的选择。因为朋友之间应该互相帮助、互相纠正，如果能够让女儿找到一个和她性格不同或互补的人交朋友，那么对完善女儿的性格会起到一定的作用。

例如，一个性格内向的女孩需要一个性格外向一点儿的同伴；一个胆小的女孩需要跟更勇敢的人在一起；一个不成熟的女孩可以从一个比她心智成熟的朋友那里获得帮助……

作为妈妈，应该鼓励女儿找性格互补的朋友，让女儿和那些跟她性格不同的朋友多接触，以提升她自身各方面的能力和修养。

方法三：培养女儿广泛的兴趣，增强她的交友自信

有一个妈妈这样说道：

一直以来，我都希望女儿能够结交到很多的好朋友，但是天性比较害羞的她，直到上了初中，也没有几个能谈得来的朋友。虽然我们很关爱她，但这并不能代替朋友带给她的快乐，所以为了让女儿结交到更多的朋友，我送她去少年宫学画画。

没想到，一段时间后，女儿竟带着自己新交的两个好朋友来家里做客。原来，那两个小女孩也是刚学画画，三个小姑娘很投缘，所以一来二去关系就变得非常好。后来，我又鼓励女儿参加学校的运动队，因为她在田径方面能力非常强，这个小特长又让她结交到了很多的好朋友。现在，女儿不再像以前那么孤单了，整个人都变得自信、乐观、热情起来，我想这就是朋友带给她的改变。

青春期女孩最贴心的往往不是自己的父母，而是自己的好朋友。但有的女孩又比较害羞、内向，交往能力有限，当出现这种情况时，妈妈不妨从培养女儿广泛的兴趣着手，让她在学到更多知识的同时，帮助她建立起交友的自信，进而结交到更多志同道合的朋友。

4. 引导女儿克服社交恐惧

女孩的社交能力对于她未来的发展起着重要的作用。据成功学专家陈安之先生介绍，成功等于30% 的知识加70% 的人脉。那些社交能力强的女孩很容易结交到朋友，而且广泛的人脉能让她更容易取得成功和进步。相反，那些患有社交恐惧症和在人群中具有社交

紧张情绪的女孩，缺乏与人交往的勇气和能力，进而影响其个人的发展。

社交能力是女孩立足社会必须具备的基本能力，并且可以依靠后来的培养、引导和训练来增强这种能力。因此，妈妈应该想办法帮助和引导女孩克服她的社交紧张情绪。下面就给妈妈提供一些解决办法：

方法一：鼓励女孩参加各种社交活动和集体活动

一个妈妈曾经这样谈到自己的育女经验：

我女儿14岁，是一个社交能力非常强的女孩。从小学到初中二年级，她一直担任班长的职务，并且把班里管得井井有条。女儿现在所在的班级是一个有名的“刺儿头班”，有几个调皮的男生连老师都管不了，但他们却听从女儿的安排。女儿能够拥有这样的社交能力，我想和我一直以来对她的引导是分不开的。

其实，从女儿很小的时候我就经常带着她去参加一些社交活动，而且让她自由地和同龄的孩子相处，例如，我会经常带她去参加音乐会、画展以及朋友间的聚会，让她熟悉各种场合的社交礼仪以及交往方式。周末闲暇时，我也会带她到超市、商场去逛逛，让她接触一下不同的人群。每到女儿生日的时候，我还会帮助她策划一个生日会，让她当生日会的主人，以彬彬有礼的态度去接待客人。等到女儿上了中学之后，我时常鼓励她参加或自己组织一些集体活动。通过这一系列有意识的培养，女儿的社交能力比同龄的孩子要强很多。

像这样多带女儿参加各种社交活动以及鼓励她参加学校的集体活动，既可以让女儿学到一些基本的社交礼仪，又可以让她获得良好的社交经验。当女孩接触过了各种场合和人群，她就不会再害怕

前几天不是为姥姥准备生日歌了吗，现在唱给大家听一下吧。
我害怕，我不想唱……
大家都想听你给姥姥唱生日歌呢，如果你不好意思唱，妈妈可以先给你带个头。
好，妈妈，咱们一起唱。

和他人打交道，社交能力也自然会得到很大的提升。

方法二：引导女孩掌握正确的交往技巧

因为妈妈工作调动的原因，11岁的向雪不得不转学离开自己熟悉的朋友。刚到陌生环境的向雪很不适应，她不知道怎样和新同学交朋友，所以放学回家后总是闷闷不乐。妈妈得知这种情况后对向雪说："你刚到一个新环境，肯定和大家都很陌生，你那些新同学可能也想和你说话或和你成为好友，你为什么不主动一点儿呢？"向雪为难地说："我要怎么主动啊？"妈妈说："首先你要主动和老师、同学打招呼，而且要面带微笑，让大家感觉到你的诚意。你平时不是很喜欢看书吗，明天你可以带着自己喜欢的书去学校，说不定有同学和你有一样的爱好，这样你们就有共同话题了。还有，和新同学交朋友的时候，尽量多表现出你的宽容、大度，这样一定会有同学喜欢和你交朋友的。"第二天，向雪按照妈妈教给她的方法去做，主动和老师、同学打招呼，总是面带微笑，上午课程结束后，她就和两个女同学变得熟悉了。

其实，向雪的妈妈在和女儿的谈话中，告诉了她很多人际交往的技巧，例如，主动打招呼、分享、微笑、宽容等，这些不但会让女孩拥有朋友、融入集体，也会让她学会在人际交往中如何与他人友好合作，进而增加自己成功的可能性。

当然，人际交往技巧还有很多，例如，让女孩学会耐心等待、遵守规则，学会沟通和赞赏，学会倾听，注意自己的仪表整洁等。

5. 懂分享的女孩更有人缘

一个妈妈苦恼地说道：

一天，上小学一年级的女儿大哭着回到家，一见到我们，哭声更大了。这让一向疼爱女儿的丈夫很紧张，以为女儿遇到了什么大事情。等女儿情绪平稳之后，她对我们说出了原因："今天在学校的时候，大家都说我是小气鬼，我讨厌他们，我再也不要和他们玩儿了。"原来是同学们的话伤了女儿的自尊心，所以她才这么难过。

后来，我通过女儿的几个同学了解到，女儿在学校和大家一起玩儿的时候，总是有些霸道，有什么好玩儿的东西也不愿和朋友一起分享，所以大家都不喜欢和她一起玩儿。现在，女儿在学校也没有几个好朋友，这让她显得有些孤单，有好几次我们鼓励她和朋友一起分享玩具和图书，女儿总是噘着嘴说："我不，这是我的东西，我才不让别人玩儿呢！"面对女儿的这种情况，我该怎么做呢？

这个妈妈的苦恼想必很多妈妈也深有感触，为什么我的孩子不愿和他人分享自己的东西呢？一般来说，影响因素主要有两个：一是父母事事以孩子为中心，二是父母有独断专行的行为。

因此，妈妈要注意，假如你有以上两种不利于女儿养成分享习惯的因素，那么你就需要仔细审视自己的教育方式了。妈妈要教孩子学会慷慨待人，因为只有懂得分享的女孩，才能够结交到更多朋友，在集体中更加受欢迎，也更易得到他人的帮助。

方法一：要真心实意地与女孩分享

在实际生活中，很多时候当女孩诚心诚意地请妈妈分享自己的东西时，妈妈不是坚决推辞，就是象征性地分享，殊不知这样谢绝孩子的一片好心，久而久之，她就会变得不懂谦让和分享。所以，作为妈妈，在培养女孩与人分享时，自己先要坦率地成为与女儿分享的伙伴。

方法二：用交换法让女孩学会分享

一个妈妈的育女经验是这样的：

我有两个女儿，一个8岁，一个10岁。小姐妹一般情况下都能很好地相处，但也常常会为一个布娃娃而争吵起来。后来，我就买了一个小狗造型的定时器。每当她们一起玩儿的时候，我总是为她们设定相同的时间，有时是5分钟，有时是10分钟，时间一到，其中一个必须放下娃娃，让另一个来玩儿。就这样，她们都学会了在属于自己的时间里玩儿，而且她们知道时间一到，自己就不应该再霸占着玩具，否则以后就没得玩儿。因为，我在之前给她们规定只要其中一个孩子违反了规则，那么这个玩具的所有权就要归另一个孩子了。

另一个睿智的妈妈也采用了交换法，让女孩学会了分享。

我有一个女儿，我希望她能成为一个不自私、乐于与他人分享的人。每次我给女儿买了她喜欢的芭比娃娃、童话故事书或者漫画时，总会鼓励她带到学校去，并且让女儿与其他同学交换自己的物品使用。平时，我总是这样对女儿说："女儿，把你的东西借给别人，然后再向别人借你喜欢看或者喜欢玩的东西，这样我们花很少的钱就可以玩很多的玩具、看很多的故事书和漫画。你说妈妈说得对不对？"女儿非常赞同我的话，并且渐渐理解了分享的真正意义。

现在，她已经是一名初中生了，我给她买的玩具和图书并不多，但她在与同学的相互交换中已经分享了更多的玩具和图书，而且这也在无形中增进了她与同学的亲密友谊，帮助她交到了很多好朋友。

第十四章

科学进行性教育，让成长不再迷茫

1. 与异性交往，女孩要把握好分寸

青少年心理咨询中心的专家总是会接到下面这类热线电话：

“最近我发现女儿总是跟她班里的一个男生打电话聊天，两个人聊得很热络，我也不清楚他们是什么关系。可我又不敢直接问女儿是不是在早恋，我该怎么办呢？”

“我女儿说她认识了个大哥哥，是她的学长，还让我们允许她以后带这个哥哥回来吃晚饭。您说他们之间究竟算什么关系呢？”

“我爸妈太大惊小怪了，不就是在学校多认识几个男性朋友吗？他们至于整天紧盯着我吗？我又没早恋，我们仅仅是朋友。”

“为什么我就不能有异性朋友呢？难道男女之间就不能有纯洁的友谊吗？”

……

为什么在面对异性朋友这个问题上，家长会那么担心，女孩会那么疑惑不解呢？答案很简单，家长担心进入青春期的女孩会早恋，而女孩则认为交友是“我的事情”“我的权利”，家长不应该介入。双方没有达成良好的沟通与互相理解，自然会产生很多误会和矛盾。

难道女孩真的就不能有异性朋友吗？当然不是，心理专家认为，一个身心健康的女孩，其青春期应伴有丰富的异性友情滋养，但她又不专注和执着于与某个异性同学的关系，更不会陷入类似恋爱那样对某个异性朋友的心理依赖。而要养成这样健康的成长状态，妈妈对待青春期女孩友情的态度和引导方法在其中发挥着重要影响。

方法一：不要强硬地限制女儿与异性交往，要教她把握分寸

有一个妈妈的教育经历是这样的：

女儿上高一的时候，有一天突然哭着跑回家，而且说什么都不肯再去上学，我问她是不是在学校发生了什么事，女儿哭着说："班里的女同学都在背后说我的坏话。"原来，长相漂亮的女儿在班里很受男生的欢迎，或许是因为虚荣心的影响，女儿和男生的关系都很好，大家还说她是"班花"，甚至是"校花"。因为很受男生的欢迎，有时也会收到很多情书，于是女儿就把这些事告诉班上一些要好的女同学，想让她们帮自己想办法解决，但那些同学却说女儿是在炫耀自己的魅力，故意显摆，所以都开始渐渐疏远女儿。我听后非常生气，并且告诉女儿以后不准再和男生来往。所以，从那之后我对女儿的要求更严了，尤其是在她的交友方面，可是我发现女儿竟然和我作对，不但在学校和很多男孩交往，还开始和社会上的一些异性来往。

很显然，这个妈妈的引导方式出现了问题，她一开始不应该强硬地限制女儿与异性交往，而是应该先帮助女儿分析她遇到的问题，然后协助她一起解决问题。妈妈可以让女儿学会谦虚，不要因为长相漂亮就虚荣、骄傲，也不要与男生的关系过于密切。

相信只要女孩懂得把握与异性交往的分寸，那么就不会被大家所误会，也不会弄得"众叛亲离"。更何况异性同学之间的交往是中学生生活的重要内容，是必不可少的，而且男女同学正常交往，既可以取长补短，相互交流，提高学习效率，又有利于增进彼此的了解，扩大交往的范围，提高女孩的交往能力。因此，妈妈应该教会女儿把握与异性交往的分寸，而不是强硬地限制。

方法二：告诉女儿与异性交往的正确方法

这天，是小兰15岁的生日，妈妈让她邀请一些朋友到家里开个

生日聚会。可是，妈妈发现来的朋友全都是女孩，没有一个男孩。于是，妈妈就假装无意地问女儿："你生日会怎么没见有男生来啊？"小兰说："我好朋友里没有男生，那些男生说话都太不靠谱了，而且我不喜欢和男生交往，他们太烦人了。"听完女儿的话，妈妈有些担心，害怕女儿今后有交友障碍，甚至还担心会因此影响女儿今后的生活。

青春期女孩与异性之间的交往是她生理、心理发育及提高社会适应能力的需要。妈妈要帮助女孩建立正确的交友观念，并且促使青春期女孩选择有益健康的交往行为，摆脱与异性交往的心理障碍和困惑。

当然，在引导女孩与异性交往的过程中，也许会遇到小兰所说的"男生说话不靠谱"等情况。因此，妈妈要告诉女儿，出于保护自己的目的，在与异性交往的过程中，女孩的言谈举止要合宜，不能毫无顾忌，例如，谈话中涉及两性之间的一些敏感话题时要尽量回避；身体接触要把握好分寸，不要太拘谨，也不要太随便；记住不要乱开玩笑；适合同性讨论的话题不要和异性讨论太多等。

另外，妈妈还要告诉女儿，不能因为讨厌某些男生的言行举止，就完全杜绝与异性交往，这也是不对的。

2. 妈妈给"早恋"女孩的建议书

很多女孩进入青春期后，会变得叛逆、情绪波动大、爱美，也会遇到很多青春期的恋情问题，这些都是正常的青春期现象。

青春期女孩原本对同伴情感就有着强烈的需求，尤其是对异性

为什么偷看我的日记，
你应该向我道歉。
我是你妈妈，看你日记
也是关心你。

对不起，妈妈只是想知道你最
近心情不好是因为什么。妈妈
保证以后不会了。
为什么偷看我的日记，
你应该向我道歉。

的情感，她们充满了好奇和向往。所以当你意识到自己的女儿有了喜爱的异性，首先不要惊慌，因为这个信号告诉你：女儿长大了。其次，你要学着相信自己的女儿，然后给予她正确的引导。最后，女孩谈恋爱的信号有时也提醒妈妈，在女孩的心目中可能存在爱的缺失，所以她需要从别人身上获取关爱。

面对“早恋”这个问题，有些妈妈往往会采取一些强硬手段来“切断”女儿的恋情。但凡事堵不如疏，要想从根源上解决女儿“早恋”的问题，妈妈必须找出好的引导方法。

方法一：学会和女儿“约法三章”

教育专家认为，现在管教青春期女孩不能再用以前的严父慈母方式，而是应该多和她们沟通。女孩在青春期喜爱异性，这是很自然的，是女孩成长的一部分，假如妈妈强烈反对，就会给女孩造成很大压力，进而使家庭关系变得十分紧张。

面对女儿刘乐谈恋爱的事情，妈妈没有完全放任女儿，而是和女儿“约法三章”，要求女儿不能荒废学业，而且绝不能偷吃禁果，让她明白一时冲动做出不负责任的事情，对双方都是一种伤害，并且对女孩的伤害往往更大。没想到这招对刘乐真的很奏效，她和那个男孩交往一年后分手了。妈妈很庆幸自己和女儿已经建立了很亲密的关系，女儿也已经知道妈妈开明的态度，母女关系十分融洽。

其实，青春期女孩谈恋爱这件事情不是成人阻止就能妥善解决的，只有理智和冷静地对待这件事情，才不会让女孩受到过多伤害。所以，妈妈不妨和女儿“约法三章”，让她学会平衡学习和恋爱的关系，懂得自己掌握恋爱中的尺度，学会为自己和他人负责。

方法二：帮助女儿树立正确的恋爱观

高考前三个月，妈妈发现周佳正在谈恋爱，妈妈的意思是让她和那个男孩分手，但是周佳反应很强烈，说已经两年了分不开了。妈妈怕强硬拆开他们会影响女儿的复习和高考，就允许女儿和那个男孩课间短暂交流，其他时间认真学习，可是周佳不仅不听妈妈的劝告，而且脾气很大，动不动就冲妈妈吼，妈妈愁得都不知道拿她怎么办才好。

女孩在高考时期心理压力很大，所以有时她们渴望找一种方式来宣泄厌倦、烦恼和郁闷等情绪，这时和喜欢的异性倾诉或从异性那里获得某种心理满足，她们就会觉得心理压力相对小一些。

但是青春期女孩对待恋爱的认识还不全面。因此，妈妈应该告诉她，真正的爱是宽容、责任、体谅和义务，是一辈子的承诺和关怀，不仅仅是两个人开心地在一起。如果一个女孩做不到自强、自立、自尊、自爱，那么她是没有能力去付出爱，也无法真正地获得爱的。

妈妈还应该告诉女孩，青春期，并不是播种爱的季节，它只是准备和学习如何去爱的阶段。她们应该做的是增长知识与能力，让自己能自立、自强地生活，并且拥有健全的心理与人格，才能让自己自信、从容地爱与被爱。

3. “性”要如何对女孩说出口

生活中，很多妈妈都会遇到一个烦恼——怎样和女儿谈论性问题，这也正是中国家庭性教育尴尬与无奈的现状。

对于性的问题，许多妈妈都采取回避、躲闪的方式。正因为成人对于“性”的躲躲闪闪，才引起了女孩对于“性”的更大好奇。要知道青春期这个阶段，越是看似隐晦、神秘的东西越是能激起女孩的好奇心，激发她们的冒险意识，甚至很多女孩因为对“性”的错误认识，导致了一系列问题的出现。

对于许多妈妈来说，性是一个很微妙的话题，但妈妈不能主观认为等女儿长大了自然就知道这些问题了。要知道，正确的性教育不但能够促进女孩形成健全的人格，而且决定着她一生的幸福。因此，妈妈必须学会如何正确地对女儿开口说“性”。

方法一：正确回答女儿“我从哪里来”这个问题

有一位专家在中学生群体中询问过这样一个问题：“‘我从哪里来’这个问题，你的妈妈是怎么回答你的？”结果显示，学生们的回答千奇百怪：

“我妈说我是从医院垃圾桶里捡来的。”

“我是从白菜地里种出来的！”

“我是坐着洗脸盆从河里漂来的，是奶奶捡了我。”

“我是我爸妈从烟囱里捡到的。”

……

作为妈妈，你是怎么回答女儿这个问题的呢？

如果妈妈能一开始就准确地告诉女儿她是从妈妈的肚子里来的，是爸爸妈妈爱的结晶，并告诉她精子和卵子是怎样结合的，那么她就不会对自己的出生感到好奇了。当然，如果你真的不好意思和女儿讲她是怎么来的，可以通过看性教育书籍等方式慢慢引导女儿自己去探知，这样既避免了当面解说的尴尬，又巧妙地回答了女儿的问题。

方法二：简单直接、轻松自如地和女孩说“性”

这天，一放学回到家，上五年级的女孩可维就突然问正在做晚饭的妈妈：“妈妈，什么是做爱？”妈妈一听，当下脸色大变，严厉地说：“住嘴，以后不许乱说话！”感到很委屈的可维说：“我听同学说‘做爱’这个词，我不知道是什么意思才问的啊！”妈妈说：“瞎问什么，以后这个问题谁都不能问，等你长大了就知道了！”谁知可维说：“为什么一定要我长大才知道，我们班苗苗好像知道，明天我问她去！”妈妈一听，更恼火了，伸手就给女儿一巴掌，说道：“谁都不能问！”可维莫名其妙被打，哭着跑了出去。

其实，可维的妈妈完全没必要故作神秘地训斥女儿，因为性并不是一件可耻的事情，她这样做之后，会让女儿觉得性是一件羞耻的、隐蔽的事情，对女儿的性教育只能起到反作用。

所以，妈妈在回答女儿提出的有关性的问题时，态度要平和、自然，而且回答问题时可以简单直接，这样有利于女孩对性形成正确的认识。

4. 青春期女孩应该掌握的卫生保健知识

青春期对于女性来说是从月经来潮到生殖器官逐渐发育成熟的时期。这个特殊时期的到来，同时也代表女孩的身体及生殖器官发育很快，例如，一进入青春期，女孩身体生长迅速，而且随着卵巢发育与性激素分泌的逐步增加，女性生殖器官也有明显的变化，随着第二性征的出现，女孩的音调变高，乳房丰满而隆起，出现腋毛及阴毛，更趋向于成熟女性，并且有月经来潮。

通常来说，由于女孩对生理知识知之甚少，面对自己的身体在青春期的快速发育，有时是充满不安，甚至是恐慌的，于是她们的情绪也会受到很大影响，根本不知道如何应对，尤其是在卫生保健这个方面。

因此，妈妈除了要及时给女儿讲解一些青春期性知识，同时也要给女儿讲解一些青春期卫生保健知识，这样女儿在生理发生变化时，才能冷静、正确地应对，进而保证身心健康。

那么，妈妈应该怎么引导女儿进行卫生保健呢？下面这些方法供妈妈参考：

方法一：教给青春期女孩经期卫生保健知识

一个妈妈的教育经验是这样的：

女儿第一次月经来潮时很惊慌，我告诉她月经的到来是代表她成熟了，同时我也给她买了相关方面的书籍。但是我发现女儿并不太注意经期的卫生，每次来月经的时候，她照样凉的、辛辣的食物一起吃，而且喜欢用凉水冲澡。初二上半学期，女儿开始出现了严重的痛经现象，所以从那之后，她开始听我的话在经期不乱吃东西，而且注意卫生，不再用凉水冲澡。后来，她的痛经好了，而她也养成了良好的经期卫生习惯。

一般来说，妈妈应该在女儿初潮前就要让她学习一些月经期的卫生知识。例如，让女儿保持经期卫生，注意保暖，避免受寒、着凉；告诉她月经期间要保持乐观与稳定的情绪，不要因为身体不适而过度烦恼；让她学会适当控制运动量，避免剧烈运动；让她注意饮食卫生，并学会做好月经周期的记录等。

方法二：教给青春期女孩乳房及会阴部的卫生保健知识

青春期女孩的乳房卫生保健非常重要，因为乳房不但是少女成熟的标志，同时也为日后哺乳准备了条件，所以女孩必须学会好好保护自己的乳房。为此，保健医生给青春期女孩提供了建议，如青春期女孩不应束胸，不要穿紧身内衣，否则会影响乳房的正常发育，也会对女孩的身体内脏器官产生不良影响；女孩还应该戴合适的胸罩，这样不但能够显示女性的形体美，也有利于塑造女孩的胸形，减缓身体内脏器官的压力；女孩还应该注意乳房的卫生，要经常清洗乳头、乳晕、乳房，不要在经期前后因为乳房胀痛或乳头痒痛等随便挤弄乳房，以免发生细菌感染等。

另外，妈妈还要告诉青春期女孩注意会阴部的卫生，例如，每晚用温水清洗外阴，而且清洗外阴的盆、毛巾和水要单独使用；内裤要选择透气性好、吸湿性强的棉织品，不要随便穿别人的内裤等。

5. 女孩偷尝"禁果"，妈妈要正确应对

青春期女孩身心尚未成熟，她们可能只是因为一时的性冲动或对性的好奇，而和异性发生性关系。一般来说，这种情况下偷尝"禁果"会让她们从刺激、欣喜变得忐忑、恐惧，接着她们会担心被家长发现而惶惶不可终日。

所以，当妈妈发现女儿偷尝了"禁果"，一定要小心谨慎地处理，千万不要把事态扩大，更不要气急败坏地打骂女儿，因为这样只会让女儿变得更加叛逆、怨恨。正确的做法是平心静气地倾听女儿的想法，开诚布公地和她讨论解决问题的最佳方法。除此之外，下面这些引导方法也值得妈妈尝试。

方法一：发现女儿偷尝"禁果"，不要呵斥她

曾经在网络上有这样一个案例：

15岁的初三女孩有一个交往一年多的男朋友，两个人感情还

不错。后来，两人偷尝了“禁果”。没想到两个多月后，女孩突然发现自己怀孕了，而这个消息让女孩不知所措。很快，女孩的妈妈就知道了这件事情，并且找到了那个让女儿怀孕的男孩。双方父母都不想把事情闹大，于是就让两个孩子分手，并且让女孩把孩子打掉。这件事情并没有就此结束，从此之后，女孩每天回到家都被妈妈骂，说她“丢人”……刚开始，女孩还能忍受，最后，她实在忍受不了就离家出走了。

这个女孩在偷尝“禁果”后，她已经很担忧和茫然失措了，但这时候家人不但没有安慰她、理解她，反而不停地打击她、辱骂她。这对一个未成年女孩来说是一种极大的伤害和刺激，她最后的离家出走也是家人直接导致的。

所以，当妈妈发现女儿偷尝“禁果”后，不要总是呵斥她，甚至侮辱打击她，而是应该站在她的角度对她表示理解，并且协助她一起把问题解决好。最重要的是，在解决问题的过程中，妈妈要让女儿认识到自己的错误，以及她应该承担的责任，让她明白在青春期哪些事情是需要努力去做的，而哪些事情是被禁止的，只有这样她才能真正地成长。

方法二：对女儿进行性教育，让她掌握更多性知识

很多青春期女孩因为对于性知识知道得太少，再加上有些妈妈对这个问题讳莫如深，间接剥夺了女孩的知情权，所以对于性知识知之甚少的女孩可能会去尝试。因此，妈妈可以开诚布公地与女儿讨论性及性器官的基本常识，要把正确的价值观清楚地告诉女儿，从而让她懂得如何尊重、爱护自己和他人。

第十五章

跳出“流行”的旋涡，让女孩身心健康地成长

1. 正确使用网络流行语

“你肿么了？”“我只是来打酱油的！”“人生真是悲催！”“伤不起！”“一切都是浮云！”“神马情况？”“真雷人！”……这些网络流行语是不是经常从你女儿的口中蹦出来呢？可能大多数青春期女孩的妈妈都会无奈地说：“女儿说的话我越来越听不懂，她总是说我落伍了！”

不过，随着网络的日益普及和发展，如今的女孩不但喜欢满嘴网络流行语，有时候还喜欢自己创造一些词语出来。这种行为一方面会增加女孩的创造性和学习的趣味性，但另一方面也容易对她们的语言基础造成冲击。

面对女儿口中的流行语，妈妈没必要严令禁止，但同时应该引导女儿说一些符合一定的思维习惯与语言规范的语言。

那么，妈妈应该如何引导青春期女孩正确使用网络流行语呢？下面这些方法不妨一试。

方法一：引导女儿杜绝使用不良网络语言

有一份报纸做过一项关于网络语言在中小学生中的使用情况的问卷调查。该项调查显示，有95%的学生都确切知道调查人员提供的网络词语所表达的意思，同时还发现有近73%的学生表示在不同场合使用过不良网络语言取笑或辱骂过同学、老师或网友。

一天放学后，心雨妈妈看见上初二的女儿在纸上写着什么，她走近一看，发现自己根本不知道女儿写的是什么意思，那张纸上写着：“我是一个有梦想滴孩纸，有木有！我是一个超口耐的萝莉，有木有！我是一个很萌的女孩，有木有！但是，我身边有些朋友真是变态，她们很让我兽不鸟，而且总是欺负偶……”后来心雨妈妈通过询问其他人才知道女儿前半句是自夸，后半句是骂人，心雨妈妈担心这样会对女儿的健康成长产生负面影响。

不良的网络语言对青春期女孩来说确实存在影响，但妈妈又不能因为网络语言的负面影响，就让女孩远离网络，毕竟网络对女孩的发展以及知识增长都有很大益处。

对此，专家给妈妈的建议是，多引导女儿杜绝使用不良网络语言。例如，事先和女儿约定好，禁止她使用“三俗”（庸俗、低俗、媚俗）网络语言。

方法二：引导女儿合理有度地使用网络流行语

一个妈妈担忧地讲述了这样一件事情：

有一天，上中学的女儿回到家对我说：“妈妈，我也想搞个围脖。”我还觉得纳闷说：“这大夏天你买围脖干什么，冬天的时候我再给你买。”没想到女儿听完之后，哈哈大笑，说我是“奥特曼”，连围脖都不知道。当时我是一头雾水，后来女儿嘴里经常蹦出来“雷人”“蚁族”“秒杀”“杯具”“菜鸟”等流行语，她还对我说周围的同学都喜欢用，也用得最多，如果谁不懂这些词语的意思，就会被同学和朋友取笑，会被认为“很土”，而且她们网上聊天、写日记，都会用类似的语言，用得多了，写作文的时候也会不由自主地写进去。我真担心这样下去，女儿只会说流行语，连基本的语言都不会说了。

有些教育专家认为，语言词汇是随着社会进步不断更新的，我们没必要一味抵制，因为有很多网络语言和语文教学中的规范是不冲突的，只要让女孩适时、适度、适量地运用，一般来说，对女孩的语文学习不会造成很大的影响。

2. 让女孩形成正确的审美观

面对青春期女孩，妈妈要在尊重女儿审美观的前提下，正确引导女儿认识什么才是属于她这个年龄段的美，并帮助她树立正确的审美观。

生活中，妈妈可以尝试下面这些方法。

方法一：转移女儿不正确的审美视线

审美品位的高低，最能反映一个女孩的气质。怎样让青春期女孩具备较高层次的审美意识，以便让这些爱美的女孩在富有个性的审美中建立自尊与自信呢？

一个聪明的妈妈是这样做的：

我们家的经济状况一般，但上中学的女儿却很爱美。看到学校有些女孩衣着个性，戴手链等饰品，她心中不免流露出几分羡慕。有时，她会悄悄地问我："妈妈，您觉得玲玲的裙子好看吗？"

我意识到女儿开始越来越爱美了。但如果我只是简单地告诉女儿玲玲的裙子不好看、家里没钱给她买新衣服，我想这样说对女儿是不公平的。而且，强制的态度也不利于女儿形成正确的审美观。

所以，我买了一些布，然后按照电视上那些最流行的款式给女儿做了几件衣服，有裙子、上衣，而且我还在上面绣上了一些独特的图案。女儿穿上这些衣服不但显得活泼、美丽，而且很有气质。后来女儿从学校回来就兴奋地对我说，她有好几个女同学让我帮忙给她们做衣服。后来，我再问女儿："你还要玲玲那样的裙子吗？"女儿赶忙说："我不要，那件裙子看起来根本没法和妈妈的手艺比，而且现在纯手工的衣服可比买的衣服珍贵多了！"

青春期女孩有一些不正确的审美观是十分正常的，因为她们很容易受外界的影响，比如，认为女孩烫头发、打耳洞就是美等。因此，妈妈千万不要粗暴干涉和严格限制女儿，而是应该采用一些方法适当去转移女儿不正确的审美视线。就像上述事例中的妈妈一样，当女儿穿上令他人羡慕的漂亮衣服时，她自然会认为自己才是最美的，不需要再去效仿他人。

方法二：让女儿体验创造美丽的乐趣

有一个妈妈的育女经验是这样的：

女儿12岁了，她非常喜欢芭比娃娃，所以老公出差的时候就给女儿买了一套很漂亮的芭比娃娃。但是我发现那些芭比娃娃身上的衣服质地粗糙，缺乏美感。于是我对女儿说："我们一起动手，为你的芭比娃娃制作一件最漂亮的衣服怎么样？你来设计样式图案，妈妈帮你一起做。相信做出来一定非常棒。"

女儿立即来了兴致，3天后，她就设计好了自己所喜欢的衣服样式——一件非常漂亮的碎花小裙子。接着，我和女儿去商店买了布料、针线等相关材料。很快，我和女儿一起动手，画图、剪裁、缝制……仅仅用了一天，我们就把这件小裙子做好了，而且做得非常漂亮。芭比娃娃穿上女儿和我制作的小裙子显得更漂亮了，接下来女儿又鼓动我给芭比娃娃做了好几件漂亮的衣服，每次都是她设计，我和她一起制作。后来，女儿出去给自己买衣服的时候，审美眼光明显提高了很多。

上述事例中的女孩通过亲自动手设计衣服、制作衣服，不仅可以给她留下美好的记忆，而且可以让她经历创造美丽的过程，增强自己对审美的信心。所以，妈妈要尽量让女儿体验创造美丽的乐趣。

3. 让女孩明白什么是真正的富有

有一个妈妈给心理咨询中心的专家打电话说："我女儿自从进入青春期后，更加爱面子、爱美，自尊心很强，吃的穿的她总是要名牌，而且喜欢四处显摆。前两天更在网上炫富，说自己家很有钱，自己的零花钱一个月就两千，她住的是豪宅，家里好几部车。我真不希望她将来变成一个虚荣爱攀比的女孩，可我真不知道该怎么教育她！"现实生活中，很多青春期女孩的妈妈都和这个妈妈一样有着类似的忧虑。

一般来说，一些青春期女孩之所以爱炫富，是她们这个年龄段虚荣心、攀比心、家长过度溺爱、社会不良风气等影响导致的。所以，要想纠正女儿的炫富心理，妈妈要学会"对症下药"，同时也要讲究一些引导方法。

方法一：让炫富的女儿吃点儿苦

有一个妈妈的教育经验是这样的：

我和老公都是商人，平时天南海北地到处跑，为了弥补对女儿的亏欠，她要什么我们都会满足。但是我慢慢发现进入青春期的女儿开始变得喜欢到处炫富，而且还偷偷在网上发一些家里如何富有的帖子，甚至会把自己的名牌衣服、包包、手机等拍成照片发到网上。我很不喜欢女儿这样炫富，而且我们家的钱也都是血汗钱，我担心女儿这样下去会形成奢侈浪费的坏习惯。所以，在征得老公同意后，我不再工作，而是带着女儿出去旅行，不过我们采取的大多是徒步旅行的方式，我还会特意让女儿去体验那些穷苦人家的生活，让她去看一看山里的孩子是如何生活、学习的。孩子毕竟是善良的，慢慢地她受到感染，不再到处炫富，而是学会珍惜自己的生活并去帮助那些需要帮助的人。

妈妈要想让女儿改掉爱炫富的坏毛病，可以让她吃点儿苦，让她亲身体会钱财来之不易，让她学会用自己的辛勤劳动去获得自己想要的一切。

方法二：告诉女儿什么是真正的富有

最近，蓝蓝的妈妈遇到一件令她烦恼的事：

上初二的女儿总觉得我这个妈妈很寒酸，每天上班骑着自行车，这让她感觉没面子。所以每次家长会她都拒绝我去参加，而是让她爸爸开着车去。可是前两天，蓝蓝的爸爸出差，只好由我去参加家长会。但没想到女儿哭着阻止我说："您要是骑着自行车去参加家长会，我就不上学了。"女儿这句话严重伤害了我的自尊心。没办法，我只好打车去给她开家长会，而且回家的时候，也和她一块儿打车。面对女儿的这种虚荣心，我真的不知道该怎么办了。

事实上，很多青春期女孩炫富的内容已经从自身的穿着打扮、家庭经济状况上升到父母身份等内容的攀比。

因此，妈妈必须及时制止女儿这种毫无意义的炫富，让她知道什么是真正的富有。妈妈要告诉女儿，一个人真正的富有不是家财万贯，不是金银满身，不是开豪车、住豪宅，不是有个了不起的爸爸或妈妈，而是他每天的生活是阳光的、充实的、有意义的，懂得依靠自己的力量去迎接生活的考验，并且每天都在努力地生活，为自己、为家人、为社会贡献着力量，这才是真正的富有。

4. 女孩要理智追星

很多教育专家认为，青春期女孩开始追星，表明她已经有了社会化倾向，这是成长的表现。因此，面对爱追星的孩子，我们不应该严厉禁止，而是应以尊重为前提，然后引导女孩找到正确的追星方式。

一般来说，青春期女孩的心理状况往往比较复杂，出现对演艺明星的迷恋行为是一种正常表现，她们需要某种形式的自我认同，而追星恰恰就满足了这种心理需求。当然，女孩在追星过程中也很容易出现一些不良状况，如盲目崇拜和模仿等，所以妈妈也加入女孩的追星行列，与她一起去追星也是一种不错的方法。

那么，妈妈如何陪着女儿一起追星呢？

方法一：引导女儿理智追星

乐嘉刚上高一，妈妈发现这段时间女儿的学习成绩下滑了很多，而且每个月的话费突然增加了不少。一开始，妈妈怀疑女儿早恋了，但她没有直接去询问女儿，而是通过各方面的了解得知，原来女儿最近迷恋上一个男子组合，而能上网的手机就成了她每日的明星信息来源平台，无论是上课还是下课，她都在用手机上网。

妈妈没有大声斥责乐嘉的行为，也没有马上收回女儿的手机，而是自己先去网络上全面了解了那个组合，然后专门为女儿制作了精美的明星相册，作为给她的礼物。但送上自己这份特殊礼物的同时，妈妈也对女儿提出了自己的要求，希望乐嘉以后在学习的时候不用手机上网，而是专心学习功课。

乐嘉见妈妈不但没有反对自己追星，而且还支持自己，高兴的同时也很歉疚。从此之后，她真的没有再利用手机查询明星的信息，而是专心学习，她的学习成绩也渐渐提高了。

这个妈妈真了不起，她尊重女儿、理解女儿，并且用自己的实际行动引导女儿，让女儿明白追星没有错，但是不能因此影响自己的生活和学习。

方法二：不要全盘否定女儿的偶像

有一个14岁的少女这样说起对妈妈的不满：

我一直很喜欢一个男演员，他的演技特别好，人也长得帅帅的，能让人忘记所有的烦恼。每天休息的时候，我就会看他演的电视剧来打发我的闲暇时光。

我的妈妈却对此很不理解，甚至还嘲笑我："那男的长得有那么好看吗！你真没出息，成天失魂落魄的！"妈妈的话让我很难过，我喜欢偶像怎么就没出息了？妈妈这样侮辱我的偶像，我非常讨厌她！

由此可见，两代人关于追星的问题都有着自己的观念，但这种观念上的差异很容易在母女之间产生误解。

因此，妈妈即使不喜欢女儿追星或她的偶像，也不要全盘否定她的偶像，否则既伤害女儿，又加深了母女之间的矛盾。

方法三：借助偶像身上的优点教育女儿

偶像身上也有这样那样的优点和缺点。作为妈妈，或许你比自己的女儿有着更敏锐的观察力、辨别力和判断力，因此你可以挖掘孩子喜欢的偶像身上具有的优点，鼓励孩子向她的偶像学习。例如，很多青少年偶像非常努力、奋进、坚强、乐观、阳光……这些优秀的特质都可以让女儿学习，进而帮助她提升自己。

所以，妈妈要在和自己的女儿共同了解其偶像的过程中，努力挖掘偶像的榜样作用，然后借助偶像身上的优点教育女儿。

5. 女孩要学会科学上网

在网络越来越普及的现代社会，很多妈妈都反对自己的女儿上网，有一点是她们非常担心的，那就是怕女儿搞“网恋”，被坏人欺骗。青春期女孩正处在幻想、做梦的年纪，对美好的爱情充满了期待和向往。在网络上和陌生人谈恋爱更让她们感到神秘、浪漫，所以，很多女孩在网上谈起了恋爱。而一些人更是抓住青春期女孩的这一心理特点，把罪恶的手伸向了她们。

既然网络有这么多的弊端和陷阱，我们是不是应该反对女儿上网呢？答案是否定的。首先，我们生活在信息时代，网络是获取知识和信息的工具，如果我们反对女儿上网，则是在一定程度上让孩子拒绝现代文明。其次，网络本身是中性的，它是起到积极的作用还是消极的作用，完全取决于我们怎样利用它。所以，我们不应该反对女孩上网，而是要正确引导她们，让网络成为她们获取知识和信息的工具。

方法一：制定计算机使用规则，防止女儿上网成瘾

一个妈妈这样谈起自己的育女经验：

我听说很多孩子都沉溺于网络游戏，还因此耽误了学习，便跟女儿说：“妈妈可以让你使用计算机，但是要给你制定一个计算机使用规则，你答应吗？”女儿非常爽快地答应了。我想了想，给女儿制定了这样一个计算机使用规则：

第一，回家必须先写作业，写完作业才可以上网。

你以后不要上网了，我已经在电脑上设置了密码。
你为什么要在电脑上设置密码，我都没法在家里上网了。
嗯，不错，以后你要多利用网上这些资源，好好充实自己。
我发现互联网上有很多信息，也有很多新的知识，还能开阔眼界。

第二，每次上网时间不能超过1小时。

第三，可以听听歌、看看新闻，也可以适当玩些游戏，但是不要沉溺于游戏当中，更不要浏览不健康的网站。

后来，我把这份计算机使用规则贴到了计算机旁边，以提醒女儿。因为女儿事先答应了我的要求，所以尽量按照订下的规则去做。当然，女儿也有控制不住自己的时候，上了1小时的网仍恋恋不舍，不肯关机。这时候我会提醒她，并把规则念给她听。经过我的提醒，女儿一般会乖乖地关机。

在女儿违反规则时，妈妈不要纵容她，一定要按照规则执行。此外，我们也要充分信任女儿，这样，她们就会自觉地约束自己了。

方法二：引导女儿把网络当成一种学习方式

李镇西老师指出，很多中学生之所以在网络上浪费了大量时间，是因为他们上网没有明确且积极的目的，一切都是盲目的。李老师同时指出，妈妈应该积极引导孩子，让他们带着任务上网，把网络当成一种学习方式。告诉孩子上网不仅可以聊天、玩游戏，还可以看新闻、查资料等。当女儿明白了这些之后，她上网时就可以做很多更有意义的事情了。

方法三：让女儿注意网络安全

因为网络具有虚拟性，所以存在一定的安全隐患，这也是妈妈必须提醒女儿的。妈妈要告诉女儿不要到网吧上网，因为那里人员复杂，更不安全。此外，妈妈还可以在计算机上安装保护软件，以便过滤那些“黄色”“暴力”的内容，让女儿远离不良信息的干扰。

第十六章

家有女孩初长成，引导女孩平稳度过青春期

1. 妈妈要科学引导女孩纠正偷窃行为

在日常生活中，有的女孩偷窃只是偶然行为，带有大人不会发现的侥幸心理，与学坏、犯罪并没有必然联系。不过，当你发现女儿有偷窃行为时，一定要及时教育和纠正。

妈妈首先要做的就是了解女儿为什么要偷钱或偷拿别人的东西，是她的零用钱不够，还是受人指使或胁迫，抑或是物欲诱惑？心理学家认为，孩子具有偷窃行为大致是由以下几种心理因素造成的：强烈的占有欲、异于成人的冒险心理、自觉花钱的理由不合理、虚荣心强等。因此，当妈妈知道了女儿产生偷窃行为的原因后，就要找出好的引导方法来纠正女儿的不良行为。

方法一：尊重女儿的人格，给她改正错误的机会

上初一的灵芝在妈妈的眼里，是一个非常听话和学习努力的女孩。可是有一天，住在隔壁的邻居突然怒气冲冲地找到灵芝的妈妈说："你还管不管你家女儿了，她竟然偷我们家东西，这要是长大了还得了！"妈妈一听，非常生气，不但当着邻居的面狠狠地骂了女儿一顿，而且晚上还不许女儿吃饭。灵芝感到又羞愧又愤怒，于是当天晚上就离家出走了。后来，在警察的帮助下，妈妈才找到了她。

妈妈在纠正青春期女孩的偷窃行为时，首先应该尊重女儿的人格，不要上手就打、张口就骂，更不要当着外人的面来处理这件事，这样只会伤害女儿的自尊心，让她在众人面前没面子，进而导致她不思悔改，甚至破罐子破摔。

所以，妈妈要尊重女儿的人格，要给她改正错误的机会，同时要告诉她，改正了错误她依然是个好女孩。

方法二：帮女儿分析问题，让她认识到偷东西是可耻的

有一个妈妈讲述道：

我离婚已经几年了，女儿判给了我。我的女儿一向都很乖巧伶俐，但是最近发生了一件很让我头疼的事，上个星期我发现她从我包里偷拿了几百元钱，刚开始她不承认，还好被我及时发现，当时我狠狠地批评了她。女儿最后也承认错了，说下次不会了。可是昨天我发现包里又少了300元钱，晚上回来，我问了她，她说已经花掉了200元，是请同学玩儿花掉的。于是我狠狠地揍了她一顿，这次女儿又保证说下次不这样了。这样的事发生了几次之后，我发现女儿慢慢养成了偷窃的习惯，甚至开始撒谎。我真是不知道该怎么办了。

其实，这个妈妈发现女儿的问题后，不应该对女儿连打带骂，而是要先平复自己的情绪，然后把女儿叫过来，彼此坐下来冷静地交谈，让女儿说出自己的想法，例如，为什么拿钱、拿钱买了什么等。然后重点给女儿分析两个问题，一是是非问题，二是想花钱应该怎么办。妈妈要让女儿明白偷窃是一种可耻的行为，如果她想买什么可以跟妈妈说，若需求合理，一定会满足她。

当母女建立了充分的信任和和谐的亲子关系后，女儿会渐渐地改掉偷窃的坏习惯。

2. “对症下药”，让女孩不再厌学、逃课

青春期女孩对学校失去兴趣，产生厌倦情绪和冷漠态度，在行为上明显表现为厌学。一般来说，厌学的具体表现是女孩虽然学习

用功了，但效果不佳，并且时常感到学习非常枯燥，对学习毫无兴趣；学习主动性差，一学习就觉得疲劳；有时要完成某一项学习任务，需要妈妈用物质激励；时常幻想成功，有不明白的问题也不去弄清楚；花在看电视、上网和娱乐上的时间比学习时间多；没有明确的学习目的，不会提前做计划等。

引导青春期女孩学习是一件既复杂又费神的事情。其实，一般来说，女孩厌学的常见原因有以下几点，妈妈要根据这些原因“对症下药”：妈妈不切实际的要求，或过度采用强硬专制的手段逼迫女儿学习；要求过低或放纵，让女儿渐渐失去学习的兴趣和动力；严重的家庭问题，如经常发生纠纷的家庭、单亲家庭等；女儿缺乏自信心、进取心、创新能力等，导致学习成绩不好，产生厌学情绪；学校中的问题，如学习负担过重、学校生活过于紧张等；恶劣的学习环境等。因此，妈妈首先要查找女儿厌学的真正原因，然后可以根据下面提供的教育方法来改善青春期女孩的逃学、厌学情绪。

方法一：激发女儿的学习动机

德国教育家第惠斯多说过：“教学的艺术不在于传授本领，而在于激励、唤醒、鼓舞。”没错，青春期女孩的学习需要妈妈的激励和鼓舞，并且要帮助她将个人目标同学习目标结合起来，唤醒其学习的内部动机，强化女孩学习的动力，增强她的自制力和学习自觉性，进而提高女孩的学习能力和学习效率。

一旦女孩认为学习是有必要的，并对学习感兴趣，那么她便会积极主动且心情愉快地去对待学习，而不只是把学习当成一种沉重的负担。

方法二：引导女儿在游戏中获得学习的兴趣

南南上初一，但是她最近一段时间对学习产生了厌倦感，尤其是语文，那些课文、古诗还有成语，她怎么都记不住。为了帮助女儿，妈妈想了一个好主意，就是每天晚上和女儿玩文字游戏。例如，妈妈每天和女儿玩成语接龙游戏；有时妈妈会把古诗制作成一张精美的卡片，而且故意不把诗词写完整，以便可以和女儿玩填字游戏。就这样，在这些文字游戏中，南南不但掌握了很多成语和古诗，而且扩大了自己的知识面，对语文的学习兴趣也大大增强了。

有时候，女孩也许会厌学，但她永远都不会厌烦游戏。如果妈妈能够抓住女孩的这一心理特征，巧妙地利用和引导，把游戏导入她的学习中，那么她将会像喜欢游戏那样喜欢上学习。

3. 被人跟踪时，女孩该怎么办

现今社会复杂多变，对于女孩来说，她们比男孩遇到的潜在危险更多，很多坏人都把目光盯在了这些反抗能力弱、自我保护能力差的女孩身上。

下面这个女孩就遭遇了这样的事情：

有一天放学后，晓雪没有像平时一样背起书包就回家，而是准备留在教室里写完作业再走，但等她完成作业从学校出来的时候，天色已经暗了下来。她家离学校并不是特别远，所以晓雪上下学都是步行。但是从学校到家要经过一个小巷子，碰巧那天路灯坏了，晓雪只好一个人摸黑前行。走到半路的时候，晓雪突然感觉身后有人在跟着她。她走，那人也走；她停下，那人似乎没有了声音。晓雪迫使自己冷静下来，假装并没有在乎身后是否有人跟踪她，步伐也有意识地加快，她听到身后的步伐明显也加快了很多，于是，晓雪快速地奔跑起来，而且大声地喊道：“爸爸，我回来了！”

女孩可能会遇到这样的事情。试想一下，如果我们自己的女儿遇到被人跟踪的事情，她会怎么做呢？是吓得哇哇大哭、不知所措，还是想办法巧妙应对呢？作为妈妈，平时就要教给女儿一些应对类似情况的方法，以便提高她的自我保护能力。

下面这些方法供妈妈参考。

方法一：尽可能为女儿创造结伴同行的机会

一个妈妈讲述了她的经验：

女儿上了初中之后，离家有些远了，我就给她买了一辆自行车，也没有像以前那样接送她了。一天放学后，女儿突然跟我说，上完晚自习回家的时候，似乎有个中年男人尾随她，吓得她只能拼命骑车子。我听后很担心，但又不能天天接女儿放学，所以就让女儿多跟同学结伴而行，尽量减少她单人行走的机会。慢慢地，女儿喜欢上了这种结伴而行的放学回家方式，有时也会特意等着大家，然后一起回家。这也大大提高了她放学回家的安全性，我也放心了很多。

这个妈妈的教育经验值得其他妈妈借鉴，因为我们不能在女儿上学、放学、外出等时间都跟着她、保护她，而且对女孩过度的保护也不利于她的健康成长，所以我们应该尽可能为女儿创造结伴同行的机会，提高她出行的安全性。

一般来说，落单的女孩最容易成为坏人的目标，尤其是未成年女孩，因为她们在体力、心智等方面都不太成熟。所以妈妈应该避免女儿成为“落单女孩”，多让女儿和同伴一起上、下学或出行。

方法二：引导女儿学会一些对付坏人的方法

日常生活中，妈妈必须引导女儿学会一些对付坏人的方法。

下面这个妈妈是这样做的：

我女儿上高一，由于家离学校不是很远，所以她每天都回家吃饭，也不住校。但是我比较担心她晚上放学后的安全，所以在平时我总会教给她一些对付坏人的方法。例如，感到自己被别人跟踪时，不要惊慌失措，要沉着冷静；要迅速观察周边环境，看清道路情况，例如，哪儿人多，哪儿畅通等；我还不断锻炼女儿的勇气，如果遇到坏人，就厉声喝问："你要干什么？"如果对方没被自己吓跑，那么自己就立即跑开，或者大声呼救，引来行人；如果不幸被坏人动手缠住，除了高声喊，还要奋起反抗，击打其要害部位，或者抓打面部……

这个妈妈是明智的，其他妈妈也应该在日常生活中多给女儿讲述一些对付坏人的方法，以便帮助她应对某些紧急情况，这样才能真正达到保护女儿的目的。

4. 女孩要学会珍爱生命

青春期女孩原本应该迎着朝阳快快乐乐地生活，应该充满激情地去创造属于自己的美好人生。但是有个别青春期女孩选择在人生最美好的阶段结束自己的生命。

2003年，北京一名14岁的女生因为学习成绩不理想，遭到家人的批评而服毒自杀。虽然经过医生的极力抢救脱离了生命危险，但这件事在女孩的心中留下了永远的阴影。

2005年，山西省一名年仅12岁的少女留下一封遗书后，自缢身亡。遗书上写道："亲爱的爸爸妈妈，我觉得压力好大，我承受不了了，唯有 -死求解脱……"

看着这些正值青春年华的女孩一个个走上不归路，我们是无比痛心的！但为什么我们的孩子会这么脆弱？这里面深藏的问题值得妈妈深入思考。其实，如果妈妈能及早对自己的孩子进行生命教育，并帮助她们化解心中的矛盾和情绪，那么这些女孩就可能不会选择结束自己的生命了。那么，有哪些具体方法可以帮助妈妈教育青春期女孩正确看待生死，学会珍爱自己的生命呢？

方法一：让女孩正确认识自己生命的价值

一个妈妈这样谈到自己的育女经验：

有一次，上高一的女儿突然好奇地问我："妈妈，人为什么要活着呀？"我想了一下，笑着说："女儿，你这个问题问得非常好。妈妈认为，人是因为爱而活着的。举个例子来说，妈妈是因为有你爸爸、有你，还有外公和外婆的爱而活着的。因为你们爱我，所以我才活得有希望、有成就感。"

女儿突然调皮地问："那我们要是都不爱你了呢？"

我仍然笑着说："假如真有那一天，我也会把自己无私的爱奉献给你们，让你们能因感受到我的爱而活着。"

女儿激动地搂着我说："妈妈，我知道了，我也要为了爱而活着。"

很多青春期的孩子都会和上例中的女孩一样，对"人为什么活着"这个问题存有疑惑。或许很多妈妈会说，这个问题很好回答——人可以为了家庭而活着、为了事业而活着、为了衣食住行而活着……

没错，你可以告诉女孩很多种人活着的理由，但无论是哪一种答案，这个答案都必须是乐观的、积极的、向上的，因为只有这样，才能让女孩正确认识"人为什么活着"，才能让她们充满希望和热情地去为未来打拼。

方法二：用恰当的语言向女孩表达和描述死亡

妈妈要正确地对女孩进行生命教育，用恰当的语言向女孩表达和描述死亡，让她认识到死亡是一种客观存在的现象，它既没有那么恐怖，也不像有些书中、电视里描写得那么美好。死亡只是一个自然现象，是一件人人都会遇到的平常事，鼓励女孩要更加珍爱生命。

5. 如何防范女孩沾染吸毒恶习

有一个16 岁的女孩在网络上和朋友这样聊天：

前两天朋友过生日的时候，他们带我去了酒吧，那是我第一次走进那种场所，非常刺激。你知道那里面的酒多少钱一杯吗？你猜都猜不到。当时我们有十几个人，有一个人给朋友的生日礼物竟然是一袋摇头丸！没想到就那样一颗小玩意儿，就把聚会推到了高潮。我吸食摇头丸后，眼睛里看到的就像天堂一样，再加上音乐、灯光、酒精的混合刺激，还有很多帅哥在你身边摇晃，真是太爽了！下次你一定要来参加！

现在，有些青少年为了追求刺激，不惜屡次尝试摇头丸等毒品，甚至聚众吸食毒品。青少年吸毒问题必须引起广大家长的重视。

其实，青少年涉毒问题增多有着多方面的原因，例如，社会、学校对毒品危害的宣传力度不够；受毒品暴利诱惑等。所以，预防青少年吸食毒品和对其进行反毒品教育是需要家庭和社会共同努力的，尤其是广大家长要加强对孩子的相关教育。

下面就给妈妈提供一些教育建议：

方法一：引导青春期女孩多增强自我保护意识

据新闻报道，一名16岁的少女和另外几个人一起，在某单元房内聚众吸食冰毒。第二天清晨，这些人吸完毒后各自回家，可是因为面色蜡黄，走起路来晃晃悠悠而正好被巡警看到，经过警方盘查，他们交代了吸毒的经过。经过一系列的搜查和盘问，警方吃惊地发现，这些人竟然有几个是在校高中生，他们吸毒是为了好玩儿和刺激。

由此可见，交友不慎对于青少年来说影响很大，甚至会毁掉他的一生。因此，作为妈妈，我们必须帮助女孩增强自我保护意识，让她学会慎重交友。除此之外，妈妈还要让青春期女孩对毒品的危害性有正确的认识，让她知道吸毒容易成瘾，而且难以戒掉，并让她学会识别环境，不要去网吧、酒吧等不适宜未成年人活动的地方。

方法二：帮助青春期女孩养成良好的生活习惯

一个妈妈在网络上痛苦地写下这样一段文字：

女儿瑞瑞已经16岁了，她虽然从小爱玩儿好动，但学习成绩一直不错。有一次，在游戏机房里，瑞瑞认识了一群朋友。他们掏出一种白色粉末，围坐在那里吸，一副飘飘欲仙的样子，一下子就引起了瑞瑞的好奇心。当这些“朋友”怂恿瑞瑞尝一口时，瑞瑞毫不犹豫地伸出了手。有了第一次，就有了第二次、第三次。后来，为了弄钱吸毒，瑞瑞开始学会撒谎、逃课、偷钱，原本健康的女儿竟然成了瘾君子，我伤心难过之余真不知道该怎么帮助女儿。

生活中，妈妈应该帮助女儿养成良好的生活习惯，让她与毒品绝缘。例如，告诫女儿不要吸烟、喝酒，多参加健康的集体活动、体育运动，周末全家人可以一起出游，妈妈可以协助女儿规划好生活和学习，让她的生活变得更加合理、充实。

6. 如何教女孩远离生活中的骗术

女孩进入青春期后，虽然身体发育日渐成熟，但是涉世未深的她们依然容易被各种各样的骗术所迷惑，甚至失去应有的判断力。

因此，妈妈应该在日常生活中多提醒女儿谨防上当受骗，不要被别人的花言巧语所迷惑，也不要怀着“天上掉馅饼砸我头上”的美梦，以免自己上当受骗。

妈妈可以参考以下方法：

方法一：告诉女儿“占便宜的事不做”

报纸上曾经刊登了这样一篇报道：

有一个上初二的女孩，在网络上看到一个招聘女模特的广告。广告里说：“不限年龄，只要你想做模特，就可以愿望成真。”这个女孩怀着做模特的美梦就给这个广告上的地址寄去了自己的照片和详细信息。女孩惴惴不安地等了几天，终于收到了对方的来信，信上说她幸运地成了入选的前20名人员，如果想继续参加，她就需要缴纳一定的费用。于是，兴奋至极的女孩编谎话跟爸妈要了几百元钱缴费，可是从此杳无音信，女孩打了几次电话都没人接。后来这件事情被同学和妈妈知道之后，她觉得很羞愧，就离家出走了。

上述类似事例在现实中时有发生，而且无论骗子的手法多么荒诞和幼稚，偏偏就是有一些女孩上当受骗。这究竟是为什么呢？

主要是因为这些女孩以为自己被天上掉下来的馅饼砸到了，自己被“幸运女神”眷顾了，于是面对金钱、名利的诱惑，她们做出了一系列错误的决定。

所以，针对女孩的这种心理特点，妈妈一定要时常告诉女儿：天上没有馅饼，更没有不劳而获的好事。同时也要告诫女儿：那些突然降临到你面前的大便宜，很可能就是一个大陷阱，你越是被它吸引，你上当受骗的概率就会越高，占便宜的事情千万不能做。

方法二：教会女儿识别各种骗术的方法

有一个妈妈的教育经验是这样的：

一天，13岁的女儿突然兴冲冲地对我说：“妈妈，我今天中大奖了！”我疑惑地问：“怎么回事？”女儿告诉我说她的微博消息上显示出她成了一家网站某个活动的幸运用户，可以荣获一台计算机，女儿还说她特意在网上查了一下这家网站，的确在举办这项活动。我让女儿冷静一下，然后让她给这家网站的客服打电话，来核实一下自己是不是真的中奖了。结果，对方告诉女儿她受骗了，这根本不是他们家发给她的信息。女儿听到这个消息很失望，但我告诉她说：“这个不是你的运气，是骗子的计谋，下次再遇到这样的事情，一定要先核实信息，而且在网上一定要去正规的网站查询信息，因为现在的骗子太狡猾了，做什么都跟真的一样。”女儿听完我的话，点头表示同意。

上述事例中的妈妈正是采用了重新核实法来帮助女儿应对骗子的骗局的。除了这种方法之外，我们还可以教会女儿识别骗术的其他方法。例如，破绽发现法，很多骗术都是存在漏洞的，只要稍加分析和推理，就会发现很多破绽；苦肉计识别法，告诉女儿不要同情那些故意表现出不幸的人；表情洞察法，有些骗子的演技很拙劣，让女儿仔细观察那些人的表情，一旦有不自然的表现就果断拒绝别人的要求等。

7. 教会女孩巧妙地应对陌生人搭讪

出门在外的时候，女孩难免会因为一些原因向陌生人求助或被陌生人求助，无论遇到哪种情况，女孩都应该谨慎和陌生人搭讪，以免令自己陷入危险的境地。

现实情况却是，天性善良的女孩对别人总是抱有很多善意，防范意识和自我保护意识相对较低，尤其是遇到陌生人求助时，她们大多数都会热情地帮助对方，殊不知，陌生人找你搭讪也可能是将你当成了“猎物”。

一般来说，陌生人找年轻的女孩搭讪有两种情况：一种是他真的需要帮助，一种是他别有用心，而通常不怀好意的陌生人在女孩面前都是假装自己有着急的事情，然后利用女孩的善心找机会对其下黑手。因此，妈妈应该教会女儿巧妙地应对陌生人搭讪这个问题。

下面就给妈妈提供一些相关的教育方法。

方法一：多和女儿进行陌生人搭讪的情景训练

云云10岁，在妈妈的眼中她已经算是个大姑娘了，但她很单纯，一点儿自我保护意识都没有。云云的妈妈经常对别人说：“我们家云云太善良了，就是别人把她卖了，她还乐呵呵地在一旁给别人数钱呢！”所以云云的妈妈为了提高女儿的自我保护意识和对陌生人的警惕性，平时没事的时候总和女儿做一些这方面的情景训练。例如，妈妈会问女儿：“云云，如果家里没大人，有陌生人敲门向你求助，你会怎么办？”云云会说：“我绝不给陌生人开门，然后会打电话给隔壁认识的叔叔阿姨，让他们帮我应付。”接着妈妈又会问：“那如果是爸爸妈妈的同事呢？”云云想了一下说：“这个我应该会开门吧！”这时，妈妈就会说：“即使是爸爸妈妈认识的人，你也不要轻易开门，而是应该先给爸爸妈妈打电话确认之后，再决定是否给对方开门。”除了这个话题之外，云云的妈妈还和她做过其他的情景训练，例如，遇到骗子怎么办、遇到问路的陌生人怎么办等。

事实上，像云云的妈妈这样经常用情景训练的方式提高女孩对陌生人的警惕性以及自我保护意识，比那些对女孩单纯说教的方式要有效得多。因为这种方式不仅更容易让女孩接受，而且在女孩遇到危险情况时，也知道如何应对以保护自己。

因此，妈妈不要以为女儿长大了就会懂得保护自己，而是应该多引导女儿提高防范意识，最好经常和女儿进行一些这方面的情景模拟训练，这样女儿才更加懂得如何保护自己。

方法二：引导女儿对陌生人提高警惕

有一个妈妈的教育经验是这样的：

女儿已经上初中了，但我觉得她平时根本不知道如何保护自己。所以，平时我会有意引导女儿去看一些拐卖妇女儿童的新闻，慢慢地，我发现女儿对陌生人开始保持警惕了，例如，有陌生人搭讪时，她会尽量让自己和同学在一起，或让对方去问成年人。我相信通过一段时间的引导，女儿会渐渐知道如何更好地保护自己。

大多数女孩天生单纯、善良，但社会是复杂的，社会上更有很

孩子，我是你妈妈的同事，你妈妈有事来不了了，让我来接你回家。
好的，我们走吧。
孩子，我是你妈妈的同事，你妈妈有事来不了了，让我来接你回家。
不用了，谢谢，我和同学一起回家，他们在等我呢。

多居心不良的人利用女孩的善意来伤害她们。因此，妈妈应该引导女儿对陌生人提高警惕，让她不要轻信陌生人的话，同时也要告诉女儿一些自我保护的方法。

例如，独自在家时不要给陌生人开门；不要跟搭讪的陌生人走；单独外出时尽量待在人多的地方；晚上最好不要外出，必须外出的情况下，找人陪同；不接受陌生人提供的饮料或食品；不和陌生男人在偏僻的地方单独见面，尤其是陌生男人的家里等。